心理能量使用說明書

安度靈魂暗夜，迎來豐盛人生

蘇予昕・著

目錄

第二章 清理與保護能量

第三章 轉化與運用能量

序

獻給每一位在找尋回家之路的你

自從出版了《活出你的原廠設定》一書後，我就不停地向內感受：「我能傳達什麼訊息？」也向宇宙探問：「地球家人們需要什麼樣的內容？」不瞞各位，這本書的主題一變再變，從感情關係、職場溝通到原生家庭創傷……想處理的議題太多，卻怎麼都寫不出來。後來我發現，雖然這些主題都很切中人類的需要，可並非根本之道，有點像皮膚搔癢，只想塗個藥膏止癢，但實際上病灶是在肺部，我們卻忽略不談。

因此，我冒險提出了「心理能量」這個主題，爲什麼說冒險？因爲我理解普羅大眾依然對於「能量」二字充滿質疑，看不到又摸不著的東西，到底是不是來騙的。但近年來，我在諮商室裡發現，最重要的從來不是我們說了哪些話，而是彼此傳達了哪些能量，話語能輕易隱藏，能量卻透明眞實。心理師本身的能量狀態大幅影響了接案的效能，對於來談者能量的敏銳度，更勝於他說出的話語，當來談者能體會到自己話語和能量的不一致（例如，嘴上說著「我沒事，還好」，身體卻發著抖，眼淚掉了出來），療癒就正式開始了。

而我希望這本書能結合心理諮商、心理學和我對能量的學習與體悟，綜合出一套能應用在每個人生命中的方法。無論我們想改善的是原生家庭、愛情、人際、健康、職場抑或金錢的困境，都能從最根本的「能量」鞏固起，不必辛苦地一一擊破，而是一併能有顯著的改善。

你應該碰過「屋漏偏逢連夜雨」這類每況愈下的經驗，這並非什麼不可控的運氣，而是忽略能量的緣故，越是急於改變外在事件，反而更容易重複引發困境的能量。因此，無論外在發生什麼事件，都必須回到能量本源來照料自己、清理自己，外在情境將逐步產生相應的變化，跟上你內在豐沛的能量。

當我們的身體、情緒、思想與行動，和宇宙的能量恢復和諧共振之時，你想要的一切幾乎是毫不費力地來到。當然，毫不費力的前提，則是我們必須認清，內在是一切的根源，是你眞正的家，我們必須將注意力從跟著外在現象團團轉，回到對內在全然的關注。

寫這本書的當下，我甫開幕了自己的第一間心理諮商所，招募了幾位優秀的心理師加入團隊。聽起來是件美好的事，但所有的「變動」無論好壞，都會震盪能量場，把內心底層那些沒被清理乾淨的淤泥再次翻攪起來，所有的自我懷疑「我眞的做得到嗎？」「爲什麼別人看起來那麼輕鬆，我卻那麼辛苦？」和自我批判「我怎麼什麼都不會」的聲音傾巢而出，令我不免驚訝：「咦？不是已經花了好幾年療癒自我嗎？怎麼它們還在？」

但當我靜下來、回到能量中心，就聽見了溫暖的聲音：**內在的成長像是繞山路，總是迂迴蜿蜒而非筆直向上。當你看見相似的風景又回到你面前，誤以爲自己毫無長進時，其實早已來到了更高的位置。**

這本書的一切集結自我的、眾多夥伴們的療癒之旅，雖然過程緩慢、孤獨、苦澀，卻也有陽光照耀、微風輕拂的時刻。我把花了多年時間醞釀，熟成後的能量集結成冊，呈現給有緣的你，祝願我們能透過這些文字，邀請焦躁的大腦歇息，恢復成本來面目的自己。

此刻的你，無論正經歷著什麼，在廣大的宇宙裡沒有太慢、太晚，也沒有任何一條路是冤枉的，全部都在幫助我們進化與揚升，再將最大的能量回饋世界，創造美好的循環。準備好了嗎？那就讓我們開始吧！

第二章

發現能量

1-0 你經歷過「靈魂暗夜」嗎？

回想起那段日子，仍有一種不眞實的感覺，所有我先前爲自己建立起的認知和肯定，都在短短幾個月內碎裂，每天腦袋裡的聲音都是：「我到底是誰？」「我是不是眞的很糟？」「我好想消失、逃走」……

那是我剛考上心理師證照，找到第一份工作時發生的。前提是，我花了好幾年學習各種專業的理論與技能，並悉心地透過心理諮商療癒自己，用我很驕傲的成績實習、畢業、寫論文、考試，每一步無不兢兢業業地踏出，然後面試上這個看似不錯的職位，或許我們都誤以爲，找到一份好工作就妥當了、覓得一位好對象就安全了，殊不知，考驗才悄然開始。

我遇到的這位老闆相當特別，一開始，他強大的說服力和人格魅力，輕易地讓你以爲他有多賞識你，並散發出不容質疑的權威感，因此我很快地相信，自己抓住了不可多得的機會。就任後，我每天努力工作，經常做到半夜十二點，這不打緊，因爲我明白工作總有不輕鬆、不喜歡的部分，我許諾自己要拚命克服。

某一天，因爲一位個案屢次未出席，我收到祕書的訊息：「老闆明晚十點要找你約談。」根據過往經驗，通常與老闆的約談大概會需要等上兩小時、談論兩小時、再加上車程，我可能凌晨三點才到得了家，隔天仍得一早來上班，於是我戰戰兢兢地提出請求，希望有其他的討論時段，結果換來老闆的熊熊怒火：「到底妳是老闆還是我是老闆？」「妳是哪位，我還得配合妳嗎？」「別人就算我半夜叫都會來，爲什麼就妳意見那麼多？」

在此之後，每次和老闆的互動都讓我非常害怕，他告訴我，我有多不努力、多不配合，並暗示有多少人想做我這份工作，我不做也會有千千萬萬比我更優秀的人蜂擁而至，如果沒有他的恩惠，我誰也不是，甚至暗示這個圈子都會因爲他的不認可而否定我。證明自己夠好的方式，就是讓個案長長久久地談下去，不管個案需不需要，說服他們繼續來就對了，甚至老闆會精算，我因爲幫個案結案，讓他少賺了多少錢，藉此來指責我的不夠格。

我的腦袋像是被投下一顆顆原子彈，揚起漫天塵埃，看不清現在也望不見未來，每天捏緊大腿警惕自己：「今天千萬要把個案留住，不然又要挨罵了……」想當然爾，這種恐懼與匱乏的能量狀態，使我落入個人存亡的陷阱，更難留住任何人。

猶記當時，我連洗臉刷牙都要硬擠出一絲氣力，更別說像以前一樣化妝、選喜歡的衣服穿……每天套上差不多的上衣與褲子就趕緊出門（熟識我的人會知道，我幾乎不太穿著褲裝，現在回想，穿褲子或許是一種潛意識裡自我保護的象徵，況且，我穿的還是另一半的褲子。）無意識地讓自己透明，不被任何人注意到，才能比較安全。只有當夜深人靜時回到家、摘下隱形斗篷之後，才在伴侶熟睡的身軀旁默默流淚，有時候不小心吵醒了他，他會從被窩裡伸出一隻手，憐惜地拍拍我，每每使我的淚水更加洶湧。

你可能會好奇，那為什麼不早點離職？一是，當時老闆和我簽了一份合約，上面寫著不到一年離職需賠償一個月的薪水，我既沒有錢也不甘心（後來我的律師朋友說這項條款不合理，因爲雇主並未盡到實際的培訓責任，員工其實毋須給付）；二是，我喪失了對自己的信心，如果一位如此有地位的前輩都否定了我，是不是我眞的不配當心理師呢？離開了是不是就代表我失敗了呢？三是，據當時老闆無法聆聽我的狀態（連他帶有問號的句子都不可以回應，不然就會被說是「頂嘴」、「不受教」），若貿然提出離職肯定會激怒他，我最糟的想像，就是他向其他同行散布謠言，阻斷我所有的機會。

種種內外夾攻耗損我的能量，讓我成爲一具空殼，吃不下飯、臉色慘白、腸胃絞痛、雙手發抖。過去不太玩遊戲的我，竟開始沉溺手遊來轉移注意力、分散痛苦與害怕的感覺，不然眼淚就會止不住地掉下來，生怕面對自己拋下一切過去積累的成果，進入心理諮商領域努力了這麼久，卻以失敗收場的結果……

然而，某天遊魂般地在YouTube上亂滑亂逛，突然看到一部影片，他說：「人**生本該毫不費力，如果你感到非常費力，不是你不好，僅是在提醒你這條路不對勁。**」那些所謂成功的人，並非因爲拚命努力才成功，反倒是因爲滿滿的內在能量與熱忱，讓他們忍不住日以繼夜地投入，最終達成渴望的目標，這個說法引起了我強烈的注意，像是一張來自宇宙的邀請函，邀請我藉由這段經歷，重新認識自己。

接著，我每天大量聆聽與身心靈、能量有關的音檔、影片，逐漸生出不一樣的觀點與感受，過去的我以爲情緒是來自外在事件，好似我們是弱小的，只能學習適應，但現在，我看見這個世界的虛擬性，一切都是靈魂的向外投影，種種境遇都意圖讓我窺見，能量卡在哪裡？哪些傷痕等著我們治癒？

當我發現這項新的事實，好像從一場昏沉的大夢中覺醒，那位老闆不再是一個我需要害怕或怨恨的惡人，而是一名演員，活靈活現地演出我潛意識中根深柢固的限制型信念：

「我還不夠好，不値得被尊重。」

「賺錢本來就很難，有這些就該跪恩了。」

「機會不容易找，我得抓緊眼前的。」

「我只能更努力，放鬆下來會被淘汰的。」

「不喜歡的事也只能忍耐。」

這份透澈的看見，讓生命的權杖瞬間飛回手中，我不再是任憑老闆操縱的無力菜鳥，我開始有能量地去觀察，什麼樣的方式可以讓我安全脫身。當我穩定下來，重新審視老闆這個人，才發現他沒有我想像的那般巨大和堅不可摧，他要的是員工將他當成神一樣的崇拜和順服，那表示他的內心也是脆弱、恐懼的。因此，我在言語和態度上繼續服從他，不再試著解釋自己，但行動上逐漸找回我的步調，順著內心的聲音，當我覺得個案適合結案，我就結案，當老闆罵我，我就坦承能力不足……終於，幾個月後，老闆主動要我離職，也因爲他是主動方，我無須繳交他所訂定的罰款。

還記得被解僱的那天，我幾乎是要在大馬路上興奮地跳起舞來！每一個細胞都在歡呼！

爾後幾個月，我決心不再走回老路，汲汲營營地向外追求，而是先向內，清理、轉化那些卡住我的能量，全然尊重自己的需求，超級神奇卻一點都不意外的，適合我的工作竟然自動找到了我，開始體驗到在演講與諮商中的流暢感，根本無須想到得去留住誰，我的能量自然引領有共鳴的夥伴前來與我相遇，也見證無數人們因爲轉變了心理能量，終於活出了生命的絢爛。

如今，我深刻地理解，爲何許多人覺醒的前一刻，都曾經歷過「靈魂暗夜」，或許這也是我們的原廠設定，**當生命夠黑暗、夠痛苦、夠用力地擠壓我們，方能激發出人類旺盛的能量，決心拿回自己的主權，促使身心靈產生一百八十度的神奇轉化**。

親愛的你，現在正經歷些什麼？或許是失戀、失業、財務困境、憂鬱焦慮、創傷與孤獨……邀請你，將雙手放在心口，對內在溫柔地說聲：「嘿，謝謝你一路相伴，你眞的辛苦了。」過去的我們尚未認知到，有另一套更強大的內在運作守則——心理能量。不必再費力地與外界對抗，讓我們一起重新翻玩這場遊戲，體驗身爲地球人的此生，究竟可以多暢快地活吧！

1-1 能量是什麼？

即便科技、醫療產業已大量運用「能量」，卻仍是一個連頂尖物理學家都說不清、道不明的概念，就像沒人能眞正搞懂「電」是什麼，但只要我們學會如何使用，就能改寫人類文明的篇章。所以，這一節與其和各位用大腦探討能量的定義，我更想邀請你放鬆大腦，用身心全然地覺受，能量在我們場域中流動的感覺是什麼。

除了有形的身體，許多新學說也認爲，我們有一個超越物質肉身的場域，稱之爲能量場、光體、氣場等等，越靠近彼此場域中的人越容易感應彼此，甚至受對方影響，就像我跟交往十二年的伴侶越長越像、女性閨蜜經期同時來、和麻吉一起說出同一句話等等……這些都不是巧合，而是能量場共振的緣故。

我們更是靠著能量在交流、溝通、確認適合的夥伴，你一定認識過那種表面上看起來堪稱完美、舌燦蓮花、找不到漏洞的人，但你的感覺就是怪，就是覺得他隱藏了什麼。或是一進到某個空間，雖然大家都沒有特別交談互動，你卻猛地嗅到氣氛不對勁……這統統都是因為，能量永遠大於你看得到的表象和聽得到的語言，能量從不說謊。

接下來我想邀請你從生活中的各個面向來發現、覺察與認識能量，提升我們的「感知力」，打開你的感應接收器，畢竟，想學會使用一個工具之前，總得先認知到這個工具的存在，請帶著敞開的心，一起看下去吧！

首先，認識你最神奇的能量載體兼感應器——身體

多年前，我曾和一位好友相約吃飯，慶祝他轉職成功，當天在餐廳巧遇他新公司的同事A，兩人簡短寒暄幾句後，就回到各自桌位用餐。但在這短短的一分鐘裡，我卻感覺心跳加速、肩膀緊繃、身體不由自主往後退了幾公分，我詢問好友，

A是怎麼樣的人？好友說：「還不太熟欸……但平常在公司碰到時都蠻熱情的，也會來關心我適應的情況，應該是個不錯的人吧！」

我擔心影響好友的心情與判斷，當下沒多說什麼，結果半年後再次與好友聚會時，他卻忿忿不平地告訴我，A是如何在主管面前陷害自己，導致現在好友想執行什麼業務都遇到重重阻礙，掉進無人相挺的局勢裡。

這次經驗讓我回想起從小到大，出現無數次的類似案例，例如，一個不舒服的身體感受讓我感知某個人可能不太適合我。但小時候會在心裡說服自己，甚至指責自己：「怎麼可以沒有根據就討厭一個人。」但後來都一一證實，的確如此；或者，一個興奮的身體感覺讓我想換條路回家，順道逛個街，後來才得知，如果走原路將會卡在一個重大的交通事故中。

然而，我們對身體的關注大多停留於肢體或器官的健康與否，但即便健康檢查報告沒有紅字的人，卻也依然常喊著「好累」，像個有洞的容器，即便週末補眠、吃營養品、度假散心，卻怎麼補都補不滿，並不能給你眞正的神清氣爽，或高效地揮灑自我之感。這在醫學上俗稱「亞健康現象」，皆是因爲我們把「身」「心」

「靈」拆解成不同單位，頭痛醫頭、腳痛醫腳，但身心靈其實是一個不可分割的整體，身體反應更多是呼應能量的變化，所向外產生的一個提醒訊號。

簡單地說，**當我們正確運作自己的能量，肉身與器官就會呈現健康、通暢的狀態。**一旦生病或有任何不適，除了治療表面症狀，還得深入檢視：「我最近過得如何？」「我有活成我自己嗎？」「有沒有壓抑、忍耐、委屈、孤獨、憤怒、不平衡等心情？」以此澈底檢視能量運作的問題。

在臨床觀察中發現，胃部有狀況的夥伴，經常是因爲心理層面自我懷疑、害怕沒用、被淘汰等自我價值議題；背部、脊椎的疾病不適，通常源於人際衝突、感情破裂等關係議題；喉嚨有症狀的夥伴，則是習慣把自己眞心想說的話壓制下來，以求得某種表面的和諧，但能量都不會消失，而是以其他種形式出現。

身體隨時都在幫你和宇宙的龐大數據庫連線，透過對身體細微變化的覺察，我們會獲取比用腦袋分析更精確的答案，〈1-4感知你的能量場〉這一節，將會帶領各位運用身體這副超級強大的感應器，回應生命中大大小小的決定，讓這趟旅程更加輕鬆、毫不費力。

陽性與陰性能量

說到陽性與陰性能量，許多人會不自覺地評價陽性能量是好的，陰性能量是次等，甚至脆弱的。這眞是一個天大的誤會，源於長期以來父權體系統治社會，過度崇尚陽性所象徵的一切，讓每個人，無論男女，都像是被削弱了一半的力量，永遠感到不完整，永遠感覺不夠好。

陽性與陰性，就如同外向與內向兩種性格，沒有絕對的好與壞、強與弱，僅是不同，各自有各自的優勢及劣勢，端看我們如何運用（若你覺得外向性格優於內向性格，也可能和我們的世界過度推崇陽性有關）。例如，陽性能量所定義的強大，可能是透過競爭、強勢、威嚇等手法，讓對方妥協及屈服，但陰性能量展現的強大，卻是透過感化和包容，使對方自然而然地融入、臣服於我們。

另一個需要說明的部分就是，無論我們社會認同及自我認同是生理男、生理女，心理男、心理女，及各類性傾向，每一個人皆同時擁有內在的陽性及陰性能量，我們要修練的方向，即是接納並平衡陰陽能量；過度活在陽性法則的時代已經逐漸逝去，**現代人的課題，乃是認回自己的陰性力量，以改善我們失衡的神經系統、內分泌，和各種情緒上的困擾。**

拿「自律神經」這個系統來說，裡頭的「交感神經」就代表了陽性能量，它幫助我們面對挑戰、達成目標、保持精力，而「副交感神經」則是充滿了陰性能量，忙活一天回到家後，能否放鬆地休息，順暢地入眠，都仰賴著陰性能量的啓動，甚至「感到幸福快樂」、「強健免疫系統」，也都是陰性能量的管轄範圍，若一味地追求外在成就或帳戶數字，卻忘了滋養陰性能量，很有可能讓我們反而感受不到自己成就所帶來的滿足，甚至更常見的，又拿著這些辛苦賺來的錢去繳給醫生了。

近期越來越多生理男性夥伴進入心理諮商，這眞是令我極爲感動的現象，畢竟「內在」、「心理」、「情緒」、「關係」等主要議題，在過去是被分類於陰性的範疇，不要說生理男性了，連生理女性都是在陽性崇拜的教養環境中長大的，大多女性也習慣否認情緒、過於努力。隨著意識覺醒的加速，無論男女都更願意愛回自己的陰性面，滋養內在那乾涸已久的靈魂，想到這，總能令我湧上滿足與幸福，終於，地球人願意正視陰性能量的重要性了！

環境的能量

請回想一下，起床時看到窗外下著雨的那天，你的心情如何？若是陽光普照，感受會不一樣嗎？不可否認的，人類是相當受到環境影響的生物，小至每天的日照、溫度、濕度，大至地域、節氣，甚至星象都與我們有關，當我們不夠有意識，就無法選擇順勢而行，會花很大的力氣抵抗環境。例如，有些夥伴在雨天的時候常常責怪自己，爲什麼那麼懶散，而不是運用「懶散」的能量氛圍，有效地休養生息，待充飽電時再順勢而爲，效果加倍。

寫這本書的當下，正好經歷千年難得一見的奇景：滿月月全蝕與月掩天王星，這對大部分人來說可能只是種天文現象，甚或毫無意義，但我們就是太陽系中的一部分，月亮陰晴圓缺影響著地球潮汐，怎麼可能不影響百分之七十都是水的我們呢？

我在月蝕前一週就已經感受到像漲潮般湧上來的陰影，爲其做了能量上的準備，好好地流淚，清理我的情緒，難怪很多人認爲日月蝕不吉利，因爲大部分人害怕負面情緒，但陰影面有它不可取代的存在意義，只要懂得運用，**陰影，也是來幫助我們活得更幸福的**。

恰巧，這週來談的夥伴鈺婷，因爲在工作上出了一個錯誤不斷自責，她的理智上知道，這個錯誤雖然讓大家受到影響，但最終也已順利解決，並沒有造成實際損失，但她卻帶著這份罪惡和對自己的厭惡，失眠了數日。然而，鈺婷在諮商室中羞恥地告訴我，其實，她在犯下那個錯誤的時候，似乎是帶有一點點意識的，卻又好像想故意破壞一樣，做了理智上知道不該做的決定。

因爲月蝕的靈感，我與鈺婷一同探索她在成長的歷程中，心裡那個「壞壞的陰影」是怎樣長大的。鈺婷的父母從不讚美她，反倒是只要有一絲不完美就強烈指責。身爲大姊的鈺婷，完全沒有表達自身需求（例如任性、發懶等）的權利，永遠得優先照顧弟弟妹妹、體諒爸爸媽媽，成爲工具人般的存在，時時刻刻檢視自己，做得夠不夠好，即便爸媽已不在身邊罵他，這些辱罵的聲音卻早已寫進鈺婷的運作程式，變成內在語言，無時無刻監控著自己。

然而，陰影是每個人都擁有的一部分，越是壓抑，它就會像有自由意志般，試圖找尋破口鑽出來，最嚴重的狀況，要不往外爆發——變成眞正的犯罪；要不就往內爆發——輕生與自我毀滅。說到這你可能會感到不安，擔心著「如果允許陰影跑出來，難道不會越來越囂張，最終變成大壞蛋嗎？」倘若研讀過罪犯的相關記載，你就會發現，他們的陰影都在兒時遭到嚴重否定過，因此才會更用極端的方式證明自己。

當然，我並非要大家以身試法，因爲最終的後果並非我們所渴望與樂見的，我的邀請，是請你允許自己陰暗的想法、感受，並且帶著意識照顧它們、關注自己眞正的需求，才不會演變成傷人傷己的行動。

所以，我們可以想像環境就像個大型外接充電器，當我們有意識地與之連接，就能更輕鬆地運作你的一天，無論是療癒創傷、提升成就、增進關係等等，都能運用宇宙給我們無窮無盡的資源，請放心，第二、第三章將提供你更實際的操作方式。

集體的能量

最近在你的周圍，熱點話題是什麼？政治鬥爭、社會案件、外遇背叛或疫情疾病？每段時間大眾都會共同關注某個層面的議題，因為我們就是集體的一部分，有一些需要共同承擔和處理的能量。但如果我們無意識地接收集體的訊息，不分青紅皂白地跟著一起鼓譟，就容易產生「團體極化」①、「內團體偏私」②、「外團體貶抑」③等現象。

例如網路酸民的攻擊文化，即是上述理論最為明顯的現象，一群人在某個議題中主張甲方意見，透過批評乙方、否定乙方，進而獲得歸屬感與宣洩個體生命中的不平。但這種宣洩的效果非常短暫，甚至會引發更大的不滿，導致個體被捲入集體無意識的浪潮中，載浮載沉，完全喪失能量主人的身分。

因此，認出集體能量，與個人能量場建立清明的界線，我們就可以只是單純看著外界事件，卻不與之攪和，保持內在相對平穩的感受，進而不再顯化那些事件到你的周圍。

而當意識到被集體能量影響時，也是個很好的宣洩時機，有的時候我會感覺到，今天的眼淚是為了很多人一起流的，我會祝福處於這些現象中的每個人，有點像「代禱」或「迴向」的概念，我們**每個人都是宇宙的通道，有能力接收各式各樣的訊息，也可以清理各式各樣的沉重**。

情緒的能量

當我們上班時，老闆同事會要求你「不要把情緒帶來辦公室」，回到家後，另一半會斥責你「不要把情緒帶回家裡」，這讓我們很困惑，那情緒到底可以去哪裡？因此，我們壓抑忍耐，甚至否認情緒：「不，我沒有生氣」、「這沒什麼好難

①group polarization，個人決策受到團體的影響，容易做出比自己一個人時更極端的決策。

②in-group favoritism，當人們認定自己屬於某群體時，為了滿足自尊等需求，會認為自己所屬的團體才是正確、正義或優秀的一方。

③out-group derogation，透過貶抑非我的團體，將他人標籤化、妖魔化。

過的，我幹嘛哭」，導致情緒累積成驚濤駭浪，一出現就摧毀一切。

的確，情緒是如同海浪一般的能量，起起伏伏，但大部分的我們都拚命拿著一塊門板擋著浪，希望不要被波及。殊不知，我們有能力把門板製成衝浪板，學會在情緒中暢行無阻，甚至運用情緒的振動能量，顯化你所渴望的現實，成爲有影響力的人。

但在習得如何使用情緒能量之前，我們得先清理從小到大被抑制的那些情緒淤塞，當它們沒有地方可以去，就會形成化學分子，卡在你的細胞、器官、淋巴裡。有些夥伴前來諮商的原因，就是他逐漸發現，即使生活中沒發生什麼事，自己卻經常感到憂鬱、焦慮、憤怒或恐懼。這都在告訴我們，沒有被看見、聽懂、梳理的情緒，是不會隨著時間消失的。卡住的情緒會變成一台帶有「殘影」的電漿電視，把未來的每一件事都用過去的角度解讀，無法眞正前進。

知名著作《臣服實驗》作者麥克辛格曾在《活出覺醒》一書中提出非常貼切的比喻。過去最初代的電漿電視問世時，只要畫面暫停太久，就會將圖像的影子燒入電漿螢幕中，雖然節目繼續播放，但舊的畫面依然存在，再也看不清楚當下發生的眞實畫面，那我們的人生，不重複老劇碼也難。

舉個常見的例子，你高中時與一名叫Amy的同學是死對頭，怎麼努力都贏不了她，三年來都在憋屈與挫折的情緒中度過。以至於往後，只要有人名叫Amy，或和Amy留相似髮型、穿類似短裙……你統統都會對其升起一股厭惡感，但如今你面前的Amy和當初的Amy已是截然不同的兩個人，爲何還會帶給你類似的感覺呢？正是因爲過去的情緒沒有眞正過去，仍在你的內心屛幕留下「殘影」。

本書第二章「清理與保護能量」中，將更詳細的剖析情緒的功能，以及我們可以如何使殘影消逝，開始聽懂情緒傳來的智慧之聲。

信念的能量

一起做個實驗，請你在十秒內，爲下列四個句子填入形容詞：

我是一個＿＿＿＿＿的人

人生是＿＿＿＿＿＿＿＿＿的。

賺錢是＿＿＿＿＿＿＿＿＿的。

愛情是＿＿＿＿＿＿＿＿＿的。

從答案中即可窺見你的信念，而信念引發情緒，情緒發出振動訊號，邀請宇宙將相應的情境展現到你眼前，藉此重複循環，我們皆活在自己的信念之中，信念創造實相。

所以，若你相信賺錢是艱難的，你可能會經歷失業、投資失敗或被騙等情境，然後你繼續告訴自己：「看吧，就說賺錢很難。」甚至產生更多對賺錢、擁有財富的偏見，例如：「變有錢的方法都寫在刑法裡啦！有錢人都是壞人」「我沒有賺大錢的命，只能賺一點是一點」等等。

這在心理學中有個專有名詞叫做「自證預言」（Self-fulfilling prophecy），你**對自己的預言和看法，最終都會實現，因爲人的注意力是選擇性的，你只會專注於**

符合你預言的現象。例如，當有個人邀請你接下一份很棒的工作，你會拒絕，認爲太難、不可能成功，too good to be true（美好到不可能是眞的），因而錯失不符合預言的現象。

信念既然是信念，它就是流動、隨時可以改變的，信念被種下的原因通常來自我們的成長經歷，例如身邊的家人對金錢的恐懼與焦慮，像洗腦般地烙印在我們的信念系統中，寫入了程式。但被植入的程式是可以改寫的，例如，當我們失業的當下，只要去看見：「啊！原來我有一個信念，是賺錢很艱難。」先允許自己抒發情緒，這些情緒都是從小到大積累的殘留，當前的失業事件只是來協助自己宣洩，並且有意識地使用第三章「轉化與運用能量」的方法，就能代謝舊的、不適宜的信念，建立新的、更適合我們的信念。

1-2 心理測驗：我是哪種能量類型？

「每個人都是帶著傷長大的。」心理諮商這份工作做得越久，越是理解這句話的緣由，無論再好的父母或環境，都有那種養育方式的短處及缺憾。我見過無數家境優渥，也受盡父母疼愛的個案，成年之後面對自己的悵然若失，無法搞懂自己到底在不知足什麼。更別說那些在虐待、忽視、暴力與貶低氛圍中長大的夥伴有多千瘡百孔。我們的能量場或多或少都會有一些阻塞或破損的現象，就像身上長年反覆感染的傷口，若不進行清創、包紮、修復的工作，就會逐漸耗盡我們的氣力。

當生活平順，沒出什麼亂子的時候，我們不一定會注意到自己的能量議題，正是各種困境與挫折，才會讓我們重新看見這些從小到大不斷重複的命運，又再次上演，而這一次，若掌握了能量的運作法則，就會是我們改寫自己劇本的關鍵時刻。

這一節，將透過十一道題目，協助各位測出你的能量類型，最後也會剖析每一種能量類型常見的行爲模式及如何平衡能量的關鍵重點，選項沒有孰好孰壞，請誠實地面對自己，「單選」出每一題中最像你的答案。

請發揮想像力，進入下述的故事情景：

恭喜！單身多年的你經由朋友介紹，終於遇到一位情投意合的對象，兩個人開始交往，並密切相處、約會。請在以下每一題情境中，選出敘述與你最爲符合的選項。

Q1：當初朋友是如何向對方介紹你這個人的呢？

A 坦率直接，有衝勁與魄力

B 活潑風趣，擅長表達自己

C溫和親切，很爲他人著想
D頭腦聰明，擅長分析計畫

Q2：當初是什麼關鍵，讓你決定與這個人交往呢？
A有吸引力的外貌
B聊起天來很合拍
C貼心、溫暖、可愛
D情緒穩定與講理

Q3：第一次約會前，你最重視哪項準備？
A衣著打扮上的準備（要讓自己充滿魅力）
B話題及活動上的準備（要讓氣氛有趣好玩）
C貼心小物或禮物的準備（要讓對方舒適開心）

D流程上的準備（要展現自己的認眞及用心）

Q4：你們相約去到電影院，在眾多強片中，你會選擇哪一部？

A動作爽片

B搞笑喜劇

C人性劇情

D懸疑推理

Q5：看完電影後討論起劇情內容，你發現他的看法與你非常不同，你會？

A直接指出你不同意他的點

B用開玩笑的方式嗆他一下

C先認同他的說法，或安靜聽他說

D用道理或其它專業影評與他討論

Q6：交往許久後的某次約會，另一半抱怨，你都在用手機，沒有好好陪他，你會如何回應？（請同時參考括號內的感受）

A「你上次還不是一樣都在回訊息！」（憤怒，想反擊）

B「你這樣說好像都是我的錯，我覺得很累。」（受傷，感覺被責怪）

C「好好好，我不滑了，我們來聊天。」（擔心對方不高興）

D「那你說，現在要怎麼陪？」（想知道對方的規則）

Q7：生活不順心時，你在伴侶面前會是什麼樣子？

A卯起來處理困境，過程中有可能會遷怒伴侶

B立刻找伴侶吐苦水，一定要說出來才舒坦

C習慣告訴伴侶「我沒事」，但其實希望他來關心

D需要一個人靜一靜，找其他事情分散注意力

Q8：今天沒和伴侶約會，而是與一群好友聚餐，結束後大家約續攤，會較晚回家，你內心所想的是？

A二話不說直接跟朋友續起來，之後伴侶有問再說

B有點擔心伴侶不高興，但爲了不掃朋友興致還是會去

C先問過另一半的看法再決定要不要去

D思考行程、後續回家路線等細節再決定要不要去

Q9：週年紀念日快到了，你們共同計畫來一趟異國深度之旅，如果只能選擇一項，那你最想負責什麼部分？

A決定去哪一國、景點等大方向

B搜尋住宿、餐廳跟逛街的部分

C了解當地風俗民情、文化、治安等

D查詢路線、機票、行程等細節

Q10：出國旅遊時，發生了一場激烈的爭吵，對方認爲你們有難以磨合的面向，因而提出分手，你會說什麼？

A「分就分！有問題的是你！」

B「我很討厭輕易就說分手，根本沒有溝通。」

C「可以不要這樣嗎……剛剛不是還好好的嗎……」

D「如果你已經決定了，那我也沒辦法。」

Q11：幸好，最終你們度過了重重關卡，決定繼續交往下去，你告訴對方，你願意調整自己某部分的性格，那會是？

A 我願意增加一些耐心，多肯定對方

B 我願意增加一些用心，多傾聽對方

C 我願意增加一些安全感，多信任對方

D 我願意變得溫暖一點，多同理對方

請加總A、B、C、D哪個選項的出現次數最多？若有同分的選項，也歡迎你閱讀解析文字，並直覺感受哪一種更像你的能量類型。

A選項最多的你——能量銳利型

從小到大，你是否經常被旁人誇讚「很亮眼」、「有自信」或「適合當領導者」呢？這類型的夥伴在能量平衡的時候擅於看見事件的問題點，並雷厲風行地去面對及處理，既直接又坦率，有王者般的前瞻性與決策能力，可以很快地讓他人對你信服。

但也因爲散發出來的能量過於集中，像一根尖尖的刺，在你能量失衡的時候，應該蠻常接收到旁人覺得在你旁邊壓力山大的回饋，尤其是你越在意、越親近的對象，越容易感到被你指責與否定。例如，當你的孩子考了九十九分，你就是會看到他錯失的那一分；當另一半洗了碗，你就是會看到他沒洗乾淨的那塊汙漬。

明明不想傷害別人，卻不斷在指出他人錯誤和他人對你的回擊間感到痛苦，尖銳型的夥伴通常身體上也較容易出現發炎、火氣大及心血管相關症狀，內心會因為他人無法符合你的要求及期待而感到憤怒及失望，進而能量束越來越狹隘、尖銳，刺痛了別人也刺痛了自己。

因此，你的能量議題是「擴展」，如何讓能量從集中的「雷射光」變成普照大地的「太陽光」，讓更多人順服於你的看法，感受到你傳遞出的愛而非傷害，是銳利型夥伴運作心理能量的方向。（參考練習：第212頁「活得心口一致」）

B選項最多的你——能量震盪型

從小到大，你是否經常被旁人誇讚「會講話」、「很活潑」或「有表演和藝術天分」呢？這類型的夥伴在能量平衡的時候擅於闡述事情、炒熱氣氛，可以與人很快地熟絡起來，經常是團體中的注目焦點。

然而，在能量失衡的時候，你可以明顯聽到大腦停不下來的嘈雜聲，充斥著對他人評價的不安。例如，你會對別人的眼光和話語非常敏銳，任何一個隱約的神情或用字遣詞，都有可能讓你反覆思忖一整天。當別人說你的打扮很與眾不同，你內心會想：「他是不是在說我穿得很怪？」或當別人微微皺了一下眉頭，你想到的是：「他是不是不喜歡我了？」若預設會遭受他人否定和拒絕，震盪型的夥伴甚至會立刻把心門關起來，言行舉止變得消極封閉。

在內心世界裡，震盪型的夥伴也是對自己要求甚高的一群，特別需要感受自己是出類拔萃或受眾人矚目的，所以經常會與他人比較，產生忌妒不平的心情，對自己的內在語言也頗爲嚴厲，認爲自己不夠好，就不值得被愛。想要完美無瑕、想要永遠被喜歡，卻耗散了自己的能量在注意別人的眼光上，震盪型的夥伴通常身體上較容易出現失眠、焦慮、心悸及各種疼痛。

因此，你的能量議題是「自我接納」，如何讓能量從發散的「探照燈」，變成回到自己內在的「聚光燈」，讓自己安於所有狀態，是震盪型夥伴運作心理能量的方向。（參考練習：第64頁的「身體掃描法」）

C選項最多的你——能量淤滯型

從小到大，你是否經常被旁人誇讚「乖巧聽話」、「親切友善」或「認眞負責」呢？這類型的夥伴在能量平衡的時候擅於同理與陪伴他人，是個溫暖貼心的照顧者、傾聽者，成爲大多數人傾訴的好對象，也因爲對感受的敏銳度高，很常成爲醫師、心理師或從事助人相關行業。

但在能量失衡的時候，淤滯型夥伴會過度以他人看法爲主，對他人的情緒反應非常敏感，只要一感受到對方的不悅，就會立刻壓抑自己的需求、噤聲自己的意見，說出你的口頭禪：「都可以，你喜歡就好。」能量場瞬間散掉，好似沒有形狀的空氣。淤滯型夥伴也容易自責和有罪惡感，生怕麻煩和影響到別人，因此習慣讓自己能量場縮得小小的。

然而，這並不代表你心裡沒有想法、沒有需求，久而久之，沒被說出口的話語變成卡住能量流動的淤泥，不但阻擋了由內而外輕鬆活出自己的感受，也讓由外而內滋養自己、關愛自己的能量無法進入。越來越不平衡和委屈的情緒，成了不定時炸彈，要不爆在外頭破壞了關係（這是你最爲恐懼的——人際衝突），要不爆在裡頭變成身體或心理的疾病，淤滯型的夥伴較容易出現憂鬱、解離、氣虛與癌症。

因此，你的能量議題是「界線」，重新找回屬於你的形狀，深刻地感受一回爲自己而活的暢快，這和與他人建立良好的關係並不違背，但首先得要完全重視自己的能量、尊重自己的形狀，才有可能擴己及人，眞正造福大家。（參考練習：第158頁的「四大法則打造你的心理圍欄」）

D選項最多的你——能量隔離型

從小到大，你是否經常被旁人誇讚「冷靜理性」、「邏輯清晰」或「很會解決問題」呢？這類型的夥伴在能量平衡的時候擅於分析、規畫、組織、歸納，比起其他人更能講道理、渴望找尋正確答案，經常從事科技、工程、數理等工作，一旦認眞起來也相當投入，可以到達旁若無人的境界。

但在能量失衡的時候，隔離型的夥伴會讓人有「碰到一堵牆」的感覺，能量場僵固堅硬、缺乏彈性，身邊的人可能會抱怨你都沒在用心聽他說話，或是你太冷淡，缺乏情感上的連結。例如，當另一半傾訴他因爲工作太忙遲到，被約好的客戶罵到臭頭時，隔離型的夥伴通常會很快地替對方想辦法：「那你事先規畫每一個行程，設定在行事曆上，就不會遲到啦！」這類回答讓你容易掃到颱風尾，對方會覺得「你根本沒聽懂我在講什麼」或是「我難道不知道要事先規畫？」引發雙方更大的爭執與嫌隙。

雖然看似理性，實際上，你並非沒有情感，而是太習慣一感受到身心的不適，就想回到頭腦去分析，或是逃開有情緒的現場，讓自己冷靜下來，所以當他人問你有什麼感覺，你通常都是回應：「還好啊，沒感覺。」從大腦的思維去否定情緒反應，才不會陷入你所不喜歡的混亂。隔離型的夥伴容易忽略他人主觀上的痛苦也是一種眞實，只著眼在自己認定的「正確」，導致身邊親近的人一一離去，讓隔離型夥伴的那堵牆越蓋越厚，容易產生過勞、精神耗弱、對自己的身體缺乏覺知。

因此，你的能量議題是「連結」，開始搭建幾座橋墩，與他人產生情感上的連結，這反而能幫助你減少關係中因情緒能量不對頻所產生的衝突及不適。另外，隔離型的夥伴更要往內連結自己的身心與大腦，重視感覺、情緒這類不易被大腦理解的能量，才會讓你眞正感覺放鬆、流動、自由。（參考練習：第62頁的「元神歸位法」）

恭喜你完成這項測驗，在認識自己之路上更清晰了一些。但我想特別說明，無論你測出的能量類型爲何，我們仍是獨特且多元的存在，無法被任何一種心理測驗全盤定義，所以，請持續帶著敞開的心，跟隨接下來的篇章，進行各式各樣的體驗，並用溫柔的眼光去關懷自己，是什麼經驗讓我們呈現銳利、震盪、淤滯與隔離？又有哪些運作法則能讓我活地更順暢？一起看下去吧。

1-3 心理能量的破洞與堵塞，讓我們不斷經驗失去

你曾失去過什麼？一位深愛的伴侶、一份拚搏許久的工作，還是對人類的信任、對活著的動力？失去，是一種極端強烈的經驗，令我們痛不欲生，但失去也是宇宙帶著關愛的提醒，提醒著我們似乎在緊抓著外界的人事物不放，以爲那是愛與成功的來源，卻忘記自己才是源頭的事實。

以下是兩個讓我印象深刻、和「失去」有關的眞實故事（爲了保護個案隱私，本書案例皆經過改寫及重組，但保留核心概念，幫助讀者透過他人的故事，感受自己的狀態。）即便過程相當痛苦，他們卻都因爲失去而重新認回了自己的本質，踏上不同以往的生命路徑，或許，也能讓我們窺見一部分的自己。

故事一、事業有成，卻總是愛不對人

凱倫大步走進諮商室，從外型上看起來是位時髦、瀟灑的都會女子，她把名牌包隨手一放，在長長的沙發上找個角落坐下。

「哈囉，凱倫，今天是我們第一次會面，請幫助我了解妳想來諮商的原因。」她陷入幾秒的沉思，似乎是在想，該從哪裡說起。

凱倫生長在一個富裕的家庭，父母四處奔波忙碌，在她青少年時期家道中落，父母整天為了錢的事情吵架，使凱倫無法像同學一樣專心升學，考上大學後就進入企業半工半讀，擔任總機小姐分擔家計。但凱倫並不妄自菲薄，一路努力不懈地晉升到經理職位。三十歲左右，凱倫又冒著所有人都不看好的風險出來創業，開發了屬於自己的品牌，於業界打出知名度與規模。

快速地說到這裡，凱倫的聲音卻微弱了下來：「但有件事我一直不懂，為什麼我老是遇到爛男人……而且，我還離不開他們。」她向我簡介了五位歷任男友：第一任，高中時期的學長。追凱倫追得轟轟烈烈，搞得全校皆知，雖然當時沒有非常喜歡，但身邊的同學都在起鬨，不知不覺就在一起了，最後，那位學長竟然劈腿高一學妹，凱倫還是最後才知道的。

第二任，是大學時期的社團同學。一開始無微不至的照顧、接送，讓凱倫覺得好像是個專情的對象。最後卻因爲在學校看見凱倫與其他男同學相談甚歡，就把凱倫軟禁在租屋處幾個禮拜，可怕的是因爲當時和男友太過緊密，導致與朋友都斷了聯繫，好一段時間沒人想起自己。

第三任，是凱倫在企業工作時的上司。所有同事都認爲他是個溫和、親切、負責的主管，凱倫在他的熱烈追求下也很快淪陷了。交往幾個月後才赫然發現對方的已婚身分，挺狗血的，一開始凱倫也相信他會和相處不睦的太太離婚，但最後主管依然選擇了回歸家庭。

第四任，凱倫創業後認識的天使投資人。事業超級有成，讓凱倫第一次體驗到無憂無慮、財富自由的生活，但最後，對方卻無預警地消失在凱倫的生命中，電話、訊息、社群平台都統統封鎖，很久以後才得知，他回到門當戶對的初戀女友身邊，已經結婚生子了。

而現在進行式的這一任，是凱倫歷任男友中客觀條件最差的，長相不是自己的菜、沒有工作與收入，還會對凱倫言語暴力及羞辱。但凱倫竟然發現自己離不開他，感覺生活與情緒都因爲這個對象越來越低迷，連工作狀態都受到影響，所以才會想來做心理諮商，看看自己到底怎麼了。

「重複的劇碼裡肯定存在著我們的核心議題，等著被看見。請感受一下，這個想分但不敢分的心情，裡頭發生什麼？」我提出邀請，帶著凱倫閉上眼，深深地呼吸，深入內在「抗拒分開」的那個能量點，裡面藏著什麼畫面、情緒和信念。

過了幾分鐘，凱倫的嘴角微微顫抖，皮膚因激動而泛紅，流下了眼淚，我知道，她抵達了那個能量卡住的地方。

第一個畫面，凱倫看見在幼稚園的放學時分，全班同學都已經被父母接走，只剩自己和老師面面相覷，遲遲等不到爸爸，老師不耐煩地說：「妳爸到底是多討厭妳才不來接啊！」聯繫不上父母的老師最後是請警察把凱倫送回家的，父母一臉驚訝地看著凱倫，然後淡淡地對警察說：「大人謝謝啦，我們太忙，忘記了。」

第二個畫面，凱倫的母親發現丈夫外遇後怒不可遏，又瞥見凱倫考卷上的紅字，衝過來把考卷撕爛、丟到凱倫的臉上，一邊哭一邊罵：「生到妳算我衰！是個查某（女人）又什麼都做不好，反正我們的命就是爛，妳也永遠不可能幸福的！」這份「詛咒」般的預言不斷縈繞在凱倫心中，讓她在工作上不斷努力想破除魔咒，卻又不斷在感情裡看見魔咒的應驗。

這些從未妥善處理的能量停留在凱倫心裡，即使凱倫說她平時根本不會想起，以爲自己早就忘記、釋懷了，殊不知能量並未消散，甚至織成了一張名爲「害怕被拋棄」的網，籠罩了凱倫。如果離開現在這個對象，就證實了自己是不好、不重要、會被遺忘和丟棄的，重複了兒時的恐怖經驗，可是，即使硬留在這些關係中，凱倫也無法感受到她所渴望的平靜、幸福、滿足，陷入了兩難的局面。

兒時被羞辱、貶低、詛咒，甚至忽視的暴力虐待，在心理學界已發展出一個專有名詞CPTSD（Complex post-traumatic stress disorder，複雜性創傷後壓力症候群）。不同於一般短期、巨大的創傷（如天災人禍、性侵暴力等），CPTSD更常見於家庭中長期的不當養育，一點一滴腐蝕我們對自己的認知，以及對世界的信念，有這類經驗的夥伴，我都能感受到他們在胸口周圍有嚴重的能量堵塞處（也常伴隨呼吸急促、心悸、胸悶等症狀），重複播放著「我不值得被愛、我不值得存在」的訊號，讓愛的感受無法順利流淌。

宇宙可愛的地方（或許你也會覺得有點可惡），就是祂持續運用外界的現象，使你具體看見內在能量的運作狀態。常被外界卡住的點，代表裡頭被過往的經驗堵住了，塞滿了受傷時遺留下來的信念和情緒，讓新的經驗也以舊的形式呈現。

就像老闆的一個皺眉，A同事解讀成「老闆一定股票又賠錢了，我要趕快離開現場，以策安全」，B同事卻解讀成「老闆又對我不滿了，我到底做錯什麼，爲什麼他總是把情緒丟給我？」兩個人的解讀會不一樣，是來自於我們過往經驗留下的堵塞成分不同，A更多的是要學會看大人臉色，在縫隙中求生存。B更多的是接收到大人對自己的指責和嫌棄。

經過一段時間的諮商，凱倫面對男友的情緒感受及行爲言語大有轉變，並非壓抑或苛刻自己的那種轉變，而是自然而然的，帶著自我尊重和自我關愛的心去做任何決定，關係中的委屈和忍耐少了很多。某天，凱倫驚訝地告訴我：「他竟然找到工作了！之前怎麼勸說都沒用，而且還用第一筆薪水買了一個小禮物送我，這是他從來沒有做過的事！」看著凱倫泛著淚光的眼睛，我明白，無論未來選擇繼續與之交往或分開，凱倫的心都已不再封閉，將會以對自己全然的關愛爲前提，做出所有決定。

故事二、金錢焦慮，越辛苦存錢破洞越大

世軒來談的原因，是他的金錢焦慮。從小若有人問：「你的興趣是什麼？你長大想做什麼？」世軒的回答千篇一律，就是：「賺大錢。」選擇科系時毫不猶豫填了資工，因爲起薪高。而他也如願以償，在畢業後順利應徵進一間知名企業，開始了沒日沒夜的賣肝生活，甚至世軒相當願意輪同事不喜歡的晚班，只爲了更多的加班費。

這讓世軒很快地存到第一桶金，即便如此，世軒依然經常覺得「不夠」，他每天的動力來源就是看著自己的帳戶數字，增加一些，就開心一點，但同時又感到焦急，怎麼增加地那麼慢。

對於花錢，更像是要剝去他一層皮。吃的、用的，什麼都買最便宜的，除了公司福利的員工旅遊外，已經十年沒有出去玩。一旦有不得不支出的花費，世軒就會立刻安排加班補回來，因此，雖然現在擁有四百八十萬，以一個三十幾歲的青年而言，是個頗厲害的外在成就，但我卻感受得到，世軒內在的破洞從未因這個數字的上升而填滿。

第四次諮商時發生了一件大事，世軒整個人失魂落魄，好似五臟六腑都不在原位了。他告訴我，上禮拜加班完已是清晨，騎車回家時，有一個人突然從暗巷衝出來，他來不及煞車就撞上了，對方性命垂危，世軒不知道該怎麼辦，整個狀態已經瀕臨「解離」，大腦斷片了。

緩了許久，他才幽幽地說：「而且……對方要我賠的金額……」「該不會是四百八十萬吧？」我問，世軒把臉摀進雙手，好像想從此躲在裡頭不出來。

四百八十萬，正是這幾年世軒汲汲營營攢下來的金額，該說宇宙慈悲嗎，並沒有讓世軒負債，但卻大力摧毀了世軒多年來奉為圭臬的人生準則——賺大錢。他絕望地問：「我那麼辛苦到底爲了什麼？」

這次事件讓世軒眞眞切切地看到了自己內在的破洞，讓他的能量以無法控制的方式流失。我邀請世軒做幾個深深的呼吸，連結自己的額頭與胃部（下一節我將帶領你一起做），讓整體能量「回魂」、回歸內在，然後往內看，這個能量破洞的緣由可能來自什麼。

從小，世軒的整個家族都活在對金錢的焦慮當中，父親一方面誇耀著：「沒有錢就沒有話語權，像我，就是家族裡最會賺的，連你爺爺都要聽我的。」完全以錢作爲一個人價値的度量衡。另一方面又警告世軒：「整天吃大餐、開名車、享受那些物質的都是虛榮的人。」對錢充滿矛盾的渴望及憤恨，生活非常節儉苛刻，不管世軒買什麼東西，即便是參考書，父親都會罵：「你確定這是最便宜的了嗎？都還不會賺錢，就一直浪費錢！」

每回家庭聚餐，飯桌上也離不開錢的話題，堂姐今年收入多少、大伯股票漲了多少，從來沒有人關心彼此過得好不好、開不開心。雖然世軒深感疏離及痛苦，但內心深處仍偷偷期盼著，只要自己是賺最多、存最多的那一個，他就可以獲得家人讚賞的目光，他就安全了。

我問：「世軒，撇開你家人的看法，你想活成什麼樣子？」他一臉茫然，似乎從未想過這個問題，他以爲家人的看法與標準，就是自己的看法與標準，甚至是這個世界的標準。殊不知，世軒的身體早已出現異狀，告訴他他並不適合如此，長期的胃食道逆流和胃潰瘍，讓世軒蒼白瘦弱。胃部，是我們「自我價值」的奠基之處，你覺得自己夠好嗎？你知道你存在的價值嗎？這些感受和你胃部的健康狀態息息相關，當我們覺得自己很糟，或是不值得存在，胃部就會經常緊縮，更嚴重的狀態下，還會眞的破洞給你看。

能量上的匱乏，無法帶來實際物質的豐盛，我們以爲犧牲休息、樂趣和幸福，可以獲得物質上的豐厚。但最終，當我們能量耗盡，這些物質也會以你想像得到或想像不到的方式離開。試著模擬一下，若萬物皆有靈，你覺得「金錢」待在你身邊時感覺開心嗎？你是歡迎它來去自如、和它一起創造體驗的人，還是緊抓著它不放，對它愛恨交加的人？

接下來的諮商，我與世軒一起重新認識金錢與內在能量間的相互呼應，世軒終於正視過去的三十年來，他對自己的身心有多嚴苛，用小小的腦袋（裝著被家族影響的信念之地）試圖控制廣闊無邊的生命，而不是投入生命之流，享受來到眼前的一切。

世軒開始練習過著「順應能量」的生活，每天起床第一件事就是靜下心來詢問自己，什麼對我此刻的能量最有益處？突然，跑步的畫面出現，世軒便出門晨跑。下午六點，世軒感受到能量的下沉便離開公司不再加班，回家途中經過一間吉他學院，以爲是新開的，老闆說已經營多年，世軒卻從未發現，他感應到內心雀躍的能量，便報名了吉他課程，這是從他國中就渴望學習，但父親認爲太貴、且影響學業，而作罷的事。

不久後，世軒在吉他班上認識了現任女友，他的氣色明朗了起來，體態也挺拔許多，結案的那天，世軒告訴我：「雖然現在的存款比以前少，但我卻感覺更富有，好像金錢更喜歡我了，哈哈哈這樣講實在很奇怪，但原來能量的飽滿才是眞正的豐盛！」

1-4 感知你的能量場——提升覺察力的三個方法

我們就是一根隨時在接收宇宙訊息與能量的天線，體驗流過我們的生命，當訊號清晰明朗，你可以想像，清晰的直覺就像精準的導航一樣，毫不費力地引領我們前往適合的方向。但你或許看見了，現在這根天線外面纏繞著一堆陳年廢棄物，包含過去的創傷、無法遺忘的挫折、對未來的恐懼及對現實狀態的抗拒，宇宙訊號不斷被干擾，導致我們生活與內在的混亂。

提升覺察力就像是清理、磨亮天線，恢復它本身的功能，幫助我們重新回到順流的天然狀態。

現在就請你鬆鬆肩膀，敞開心扉，一起來實驗看看吧！

元神歸位法——恢復中軸能量的穩定

首先，想邀請你的能量元神歸位，也就是將意識全然回到身心的中軸，因爲我們耗費了大部分的能量在外頭搜尋、追求，或在小小的腦袋瓜裡思索、分析，以爲你要的愛與成功在其他地方，這眞是全天下最大的誤會。其實，愛與成功統統源自於你，那股連接宇宙的能量流不曾停歇，若此刻感受不到能量流，僅是因爲我們長年的內在堵塞及過度向外耗散。

「中軸」在各種文化背景裡都孕育出相似的理論。例如中國道家思想裡「任督二脈」的任脈，即是從會陰穴（生殖器處）沿著腹部、胸口至下巴中心的承漿穴，督脈則是從長強穴（肛門周遭）沿著背部、脊柱到頭頂的百會穴，再到正面額頭、人中，最後在口腔內上顎的齦交穴與任脈會合。

在印度阿育吠陀文化中的「七大脈輪」，也是從尾椎會陰處的「海底輪」開始，上升至「臍輪」、「太陽神經叢」（本我輪）、「心輪」、「喉輪」、「眉心輪」，最後到頭頂的「頂輪」，分別負責你的安全感、自我價値感、愛、人際交流、洞察力及靈性能量。

甚至，最新的西方醫學針對迷走神經的研究，也分爲「背側迷走神經」（主掌恐懼、衝突與逃避等）位於背部正中央，從脊柱延伸出的神經系統；「腹側迷走神經」（主掌安全感、人際交流與愛等）則是由大腦延伸出的神經系統，從腦幹向下延伸至心臟與胃部，向上延伸至臉部。

這些殊途同歸的理論，都在在說明我們的內在能量比你想像的更強大，有天然的韻律及無限的可能，你的腦袋或許等待著理論的日益茁壯，再決定要不要相信它，然而，療癒卻無須那麼多理論，就像我們即使日以繼夜地在岸邊研究潮汐的原理、探討大海的本質，仍然無法眞正理解海洋，它需要的是你全身心都投入進去，去到浪裡，你將會立刻明白。

「元神歸位法」步驟：

①請找一個舒適、安靜，不會受人打擾的空間及時間，靠著椅背放鬆地坐

著。確保你的脊椎可以輕鬆地打直，讓我們的中軸恢復天線般的挺拔。

②右手四根手指平放在兩眉之間、額頭的位置，左手四根手指平放在肚臍上、大約是胃部的位置。

③吸氣的時候感覺在額頭及腹部的手指往上提拉、往內按壓，施加一點點的力量就好。

④吐氣的時候放掉手指按壓的力道，輕輕恢復只是觸碰著肌膚的狀態。

⑤吸氣時再次重複往上提拉、往內按壓，吐氣時再次放掉力道，只是觸碰。

⑥重複數次到數十次都可以，直到你感覺注意力回到內在，想法與情緒與進行元神歸位法前趨向平靜，就完成了。

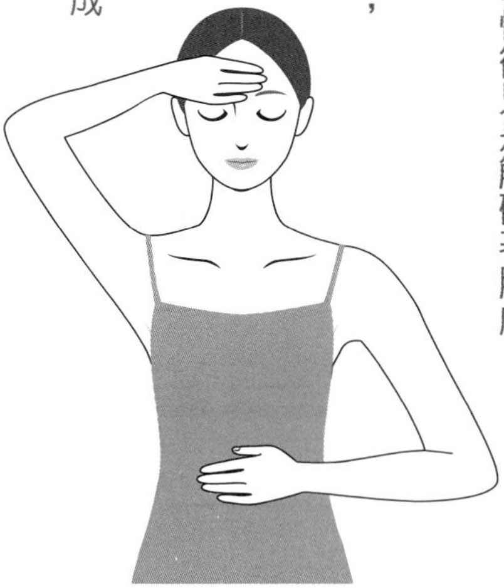

元神歸位法的使用情境非常廣，幾乎沒有任何限制，例如，強烈焦慮來襲時、忙到頭昏腦脹時、事情看似沒有出路時、受到別人情緒影響時，想放鬆下來、準備入眠，或邀請自己享受當下時……簡而言之，只要你覺知到自己的意識不在裡頭，你的能量不斷外洩時，就可以立刻進行。

你永遠是你能量的主人。

身體掃描法——成為自己的健檢醫生

成爲心理師的路上，有一段特別辛苦的時期：全職實習。意思是我們得四處投履歷求職，應徵進某機構工作一整年，無償提供諮商服務，以習得成爲正式心理師的能力。當時的我因爲是半路出家，辭掉工作去讀研究所，年紀已經比身邊同學都大上許多，而無償的實習代表著我的老本即將見底。因此，我要求自己一邊實習，一邊寫論文，一邊還要準備心理師證照的考試，三件大工程得在一年內完成，才能快點工作、順利養活自己。

在這樣龐大的壓力之下，一直以來睡得很香的我，頭一回體會到失眠的痛苦，還經常落枕、閃到腰、手腕肌腱發炎，起床後靠著意志力撐著去上班、做諮商、回學校上課、寫論文，加上內心時不時對自己的懷疑、對生存的焦慮，種種負荷，讓我如同一支即將燃燒殆盡的燭火，搖搖欲墜。

然而，宇宙總是會在最剛好的時間，把所需的一切安排到我們面前，端看我們願不願意接住。當時的實習單位國立臺灣師範大學附屬高級中學（也是我的母校）舉辦了一場研習，邀請台灣正念工坊的創辦人陳德中老師，進行一整天的正念課程，忙得要命的我原先還在猶豫，要不要把時間拿來趕論文，但我的心卻久違地雀躍，感受到對這堂研習的振動，事後證明，幸好我有參加！

陳老師帶領我們進行的「身體掃描練習」（body scan）震撼了我的世界，我也在後來數百場講座中向觀眾推薦陳老師的音檔，不知情的人還以爲我收了廣告費呢！但這完全出自我的感念之情，在我最需要的時刻，接收到覺知內在能量的靈感。因此，隨著這本書，我也發心想回饋各位我所錄製的「身體掃描」音檔，供大家隨時、隨地、免費的使用，及分享給你所愛的人。

身體掃描，即是放下腦袋裡的評價與抗拒，對身心的純然觀察。專注地意識每個部位此刻是什麼狀態，如實地接納它。經過那次體驗，我才清晰地覺察到自己的肌肉有多麼痠痛緊繃。當時安靜躺在木地板上的我，眼淚不停流洩，我聽到每一吋緊繃的區域，都在害怕自己會失敗。離開累積多年的職場生涯、消耗光戶頭裡的存款，想像所有人都在審視著我，冒著如此大的風險轉職到底值不值得。

這份練習幫助我接納了害怕失敗的自己，軟化我堅硬的偽裝，單純地與身心在一起。我突然理解到，那些恐懼與外在的眼光其實無法眞的傷害到我，反而是我緊繃的防衛，正每分每秒地耗損著自己，透過身體掃描，我看見了內在的能量運作，並產生了新的選擇。

身體掃描法步驟：

①請你找一個安靜、安全的空間，以及十五分鐘不受打擾的時間，關掉電子產品的所有提醒。

②坐下或躺下，以你舒適的姿勢進行，請放心，途中隨時可以任意微調。

③使用音檔的夥伴，打開音檔後即將手機放在一邊，用聽的即可。

④閉上雙眼，或視線向下方散焦地看。

⑤深吸氣、深吐氣各五次，專注地感受空氣進出鼻腔及肺部的觸感。

⑥向內在設定和諧的意念：「出現任何想法、感受都可以，我願意在接下來的十五分鐘裡練習純然地觀察、接納、允許。」

⑦從每一根腳趾開始，用意識去感知它所有的狀態，再緩慢地將意識移至腳底板、腳背、腳踝。

⑧移到小腿、膝蓋、大腿、臀部。

⑨移到背部、腹部、胸口。

⑩移到脖子、臉部五官、額頭、頭頂。

⑪感知全身的血流、脈搏、氣流、神經傳導。

⑫試著感知超越肉身的能量場域，正呈現什麼。

⑬結束後持續閉著眼（或向下看）深吸氣、深吐氣各五次，輕輕地動一動你

的手、腳，緩慢地左右擺動一下身體，伸個懶腰，再帶著滿滿的元氣張開雙眼，重返地球。

溫昕提醒

身體掃描音檔連結，歡迎你隨時隨地使用，也可以分享給你所愛的人。

過程中，如果腦袋跑出任何想法、心裡有任何情緒都是常見的（我一開始最常出現的想法就是「啊做這個要幹嘛？有用嗎？」「好慢喔，怎麼那麼無聊」），無須批評或責怪自己，如同觀察身體部位一樣，回到觀察者的位置，單純地看著這些想法、情緒的出現，想像它們是一朵朵飄過來的雲，無須對雲做任何事，它會自然來去，我們的意識是如如不動的存在，無須附和或批判，包容著一切，你大於這一切。

記錄你的掃描體驗

★哪些身體部位特別有感？是什麼樣的感受？（緊繃、疼痛、麻木、痠、冷、熱、跳動、脹、舒緩、飽滿、溫暖、放鬆等等……）

★出現哪些畫面、想法或情緒？是掃描經過哪兒的時候發生的？

雙手撫觸法——療癒力藏在你的手中

你應該在武俠電影中看過，俠士們用雙掌爲對方治病、傳輸能量的畫面吧？雖然看似過於玄幻，但使用雙手能量治療的形式已在人類文明存在非常久的時間。西方在西元前五世紀，醫學之父希波克拉底（Hippocrates）便提及了按摩的治療性；東方的《黃帝內經》中也有多篇與按摩相關的文獻，甚至在隋、唐兩朝的太醫署還設有按摩博士的官職呢！

科學研究也說明雙手具有強大的治癒力。邁阿密大學觸感研究所（Touch Research Institute）創辦人蒂芬尼．菲爾德博士（Dr. Tiffany Field）發現，每天對早產兒進行三次，每次十五分鐘的按摩，能讓其增加47％的體重，提早六天出院。孩子能因養育者的輕拍、擁抱、觸摸而培養出自信。相反地，也會因爲缺乏碰觸而減緩發育，腦部體積比同年齡幼兒小了20％。

無論活到幾歲，我們都可以運用雙手的撫觸來啓動內在能量。回想上一次你和深愛的人牽著手，輕撫彼此的頭、肩膀、背部，甚至緊緊相擁時，那股飽滿觸動的感覺，身體琴瑟和鳴地分泌催產素（俗稱愛的荷爾蒙）、活躍腹側迷走神經，讓心跳、呼吸趨緩，神經與細胞被鎮靜下來，提升免疫系統，這就是撫觸的魔法。

然而，這份魔法完全可以對自己施展，我所景仰的許瑞云醫師也在她的大作《心念自癒力》中提及，每天用雙手專注地覺察自己，去感覺每個部位的細微變化，就能接收有關身心的資訊，敏銳度甚至強過現今世上最精密的儀器，我們就是自己最好的醫者。此言一點也不假，手掌中央的勞宮穴，是我在練習感知能量初期最有感覺的部位，越來越敏銳後，就可以運用勞宮穴接收滋養我的能量，以及從勞宮穴發出治療的能量。

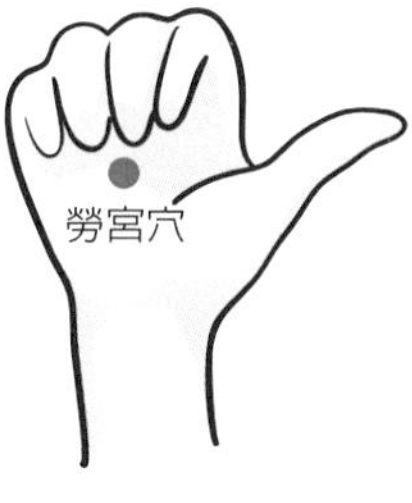

「雙手撫觸法」步驟：

①將雙手輕鬆地舉至胸前，掌心相對，間隔約十公分。

②停在這邊閉上眼睛，專注地感受左右手建立出來的這個空間裡頭，有什麼

感覺？比較敏感的夥伴或許很快就能感受到能量，沒有特別感受也沒關係，慢慢體驗自己敏銳度增加，也是個很好玩的歷程。

③接著，將雙手拉遠至三十公分，停留五秒鐘，感覺一下。

④再拉近至十公分，停留五秒鐘，感覺一下。

⑤重複拉遠、拉近的動作十次。拉遠時深深吸氣，拉近時深深吐氣，過程中將意念全部投入在雙手之間的場域。

⑥當你感覺手的溫度好像微微上升，或是內在感受變得舒緩平靜，就可以進行全身的撫觸，撫觸方式不限，可以是輕摸、輕拍、按壓或單純地放置在某個部位上停留幾秒，請實驗出你最喜歡的形式。

⑦從頭部開始，用雙手緩慢地輕撫頭頂、後腦勺、額頭。

⑧輕撫臉部的五官，眉眼、鼻子、臉頰、耳朵、下巴。

⑨輕撫頸肩，脖子的淋巴、後頸風池穴、肩膀斜方肌、鎖骨下方等。

⑩輕撫胸腔，乳房、腋下、心臟、肺臟、膻中穴。

⑪輕撫腹部，胃、腸、肝、膽、子宮、泌尿系統等臟器的部位。

⑫輕撫腿部，大腿、膝蓋、小腿、腳踝、腳背、腳趾、腳底板。

⑬最後回到手部，大手臂、手肘、小手臂、手指、勞宮穴。

⑭完成本次雙手撫觸法，雙手合掌在胸前，以第二人稱（說出你的名字）感謝並肯定願意練習的自己，例如：「蘇予昕，謝謝妳願意做這次練習，用能量疼愛自己的身心。」對自己深深一鞠躬。

溫昕提醒

每個人此生經歷過的撫觸經驗都不一樣，也許有些夥伴遭受過羞辱性的評價或創傷性的暴力事件，在進行撫觸時可能激活這些堵塞的殘餘能量。長遠來看是很重要的清理，但練習的前期可能會感覺不太舒服，甚至引發恐懼、焦慮的感受。療癒自己沒有時間表，請完全尊重你當下的真實狀態，隨時都可以停下來照顧自己。當有想哭的感覺，就讓淚水自然流瀉，有害怕的感覺，就用雙手環抱住自己，左右手輪流輕拍，複誦：「我是安全的，現在的我很平安。」直到情緒消散些。

記錄你的撫觸體驗

★撫觸哪個部位時，有出現情緒或想法？那是什麼？

★撫觸哪個部位時有為自己「充電」的感覺？

★如果有感受到能量流動，請試著描述這個過程及狀態。

第二章
清理與保護能量

2-0 你內在的家，是什麼樣子？

試著具象化你的內在能量空間，想像一下，那裡有棟代表著你的房子。它多大？是什麼風格？用什麼建材建造？屋子裡頭是什麼樣子？空無一物、凌亂囤積或井井有條？外面庭院有多寬？有無設立圍欄？

也請體會一下居住在裡頭的感覺，你覺得環境舒服嗎？你喜歡待在那嗎？安全性足夠嗎？如果有人想進來，是可以隨意進入，還是得經過你的允許？圍欄是否有損壞？是否經常得收下其實不想要的包裹（別人的看法、意見、標準等）？會不會有人不定時地掠奪你的所有物（包含時間、金錢、注意力等）？

這是一個極具威力的內觀練習，帶領我們看見自己的內在空間是什麼樣的狀態。許多人誤以爲，自己的痛苦與疲憊來自外界的逼迫與他人的侵入，卻不曉得是因爲內在家園缺乏護持與照料，才導致我們的能量不斷流失。

在此特別強調，這絕非是要大家把遭遇過的創傷都當成自己的錯，自責怎麼沒保護好自己。請牢牢記得，你沒有錯，大多創傷都發生在我們尚未完整認識自己的價值、全然尊重自己的本質之時，還不明白我們有能力和方法護持自己的能量場。但此刻，你在某個神奇機緣下拿起這本書，就代表你的靈魂已經開始相信，**你值得體驗一個充滿自由、尊重、成功與愛的人生**，即便大腦還帶著懷疑，但接收得到這些訊息，表示你已經準備好打造保護能量的圍欄了。

我猜，有些夥伴一聽到「圍欄」的概念，就開始擔心，這難道是要拒人於千里之外嗎？會不會讓關係疏遠甚至引發衝突？

容我說個比喻：你的鄰居因爲你家沒有裝圍欄，大門也沒關好，就常常擅自進來找你，不管你正在洗澡還是睡覺。你被嚇到一次、被煩到兩次，都選擇忍耐，因爲鄰居看起來也是好意，甚至帶一些禮物送你（即便根本不是你需要的東西），他絲毫沒發現你不高興，持續想來就來。某天，你眞的忍無可忍地告訴他：「這是我家！你到底憑什麼一直來侵門踏戶啊！」他完全無法理解你的不悅，反倒見笑轉生氣地回：「莫名其妙耶！是你家門自己不關好的，我來送你禮物還被你罵，眞是好心給雷親！」

這個比喻有沒有很熟悉？那些旁人不管你想不想聽，都擅自塞給你的「好心建議」；那些朋友自以爲有趣，但其實你很不舒服的「無害玩笑」；那些主管自認爲給你機會，但其實充滿貶低與壓榨的「讓你多學習」；那些被父母說得冠冕堂皇，但其實充滿他個人議題的「我是爲你好」。每一種情境都像是內在家園被破門而入，即便縮短了距離，卻也喪失了關係，跟我們原本期待的親密背道而馳，因此可以說，**沒有心理界線，就沒有人際關係**。

相反地，當你的規則明確——「到我家時請先按門鈴，我會告訴你現在適不適合進來；想給我東西也歡迎放在門口，我會去確認我需不需要。」幫助他人逐漸習得你的規則，老實說，人類還蠻喜歡有規則依循的，能增加你們互動過程的安全感。而且，當偶爾爲了彼此破壞一點規則，對方才會意識到自己在你心中的重要性，因此對你更加感激、珍惜。

最終，你的每個行動都是基於讓內在感受好，沒有委屈與忍耐，與人相處時的能量就能處於敞開、高頻的狀態。你無須做任何事，光是存在，就能使對方感到舒服、受你吸引，這才是使人際相處順暢自在的主要途徑。

你內在的家，是這宇宙裡唯一一個完全由你的意識建造、維繫、擴展的場域，雖然這個家園曾遭受不少損傷，那僅是因爲我們尚未建造「圍欄」、缺少界線意識，渴望他人認同與肯定又是那麼根深柢固地制約著我們，所以你我一定都曾放棄設置圍欄。直到家園殘破不堪，才有機會明白，最重要的，永遠是你內在空間的狀態——也就是「你的內在感受」。

這一章，將邀請你重新認識「情緒」、「感受」（這兩個詞彙將交錯運用，但都代表著同一件事），當你感覺不舒服，代表有人事物境碰撞到圍欄，你才會曉得，在內心的哪個位置出現破洞。而這個破洞有很大的機率也不是此刻出現的，是更久之前就已經存在的傷，眼前的這個人事物境只是來幫助我們爆發出情緒的。若這一回，我們不再逃開感受的提醒，對破洞進行有效的修補，你很快就會感覺能量飽滿，自信豐沛了起來。

2-1 全宇宙最重要的，就是你的情緒感受

若給你三個必然實現的願望，你會許下什麼？擁有好身材、覓得高富帥、賺錢發大財……不管願望是什麼，請你再深入地探問自己：「獲得這個，是爲了什麼？」你可能會回答：「這樣就能贏得眾人羨慕的目光」、「這樣就可以擁有舒適的生活」、「這樣爸媽就會開心了」等等，請繼續問自己同樣的問題：「那獲得這個，是爲了什麼？」

無論中間夾雜多少個目的，你將發現終極目標皆是：「爲了獲得某種好的感受。」是的，身爲地球人的此生，就是來體驗你的所有感受，我們做的所有事情，也都是爲了內在家園能平靜、祥和、豐盛、富足。但大部分的我們都被植入一個制約程式：「想獲得好的感受，你必須做很多外在的努力。」例如，你得考取第一

名，才值得開心；你得結婚生子，才值得幸福；你得擁有一份高薪工作，才值得滿足……

甚至有些養育者不允許孩子感覺開心，一位個案轉述兒時經驗，當自己玩玩具笑開懷的時候，曾被父親凶惡地罵：「你爸股票賠錢你很開心是不是？功課那麼差還笑那麼大聲，眞是生到一個廢物！」這讓個案誤以爲，我的感受是由外在世界決定的，得先等爸爸開心，我才能開心，得先使功課進步，我才能快樂……你的感受不是你的感受，充滿一堆前提與限制。

這份制約讓人類陷入死局，永遠不可能眞正感受好。例如，當你拚了命談成一個大案子，賺得盆滿缽滿，但你幾乎是反射性地開始思考，要怎麼永久留住這個客戶，身心便緊繃了起來。倘若此時，競爭對手眞的出現了，你的案子有可能被搶走、明年有可能無法續約，你便開始感到憤憤不平，思考要怎麼贏過對手，身心同樣是緊繃的狀態。

美好情境發生時，我們「執著」，想緊抓不放，希望永遠不要改變；更遑論討厭的情境發生時，我們「抗拒」，試圖扭轉或控制成你心目中認定的樣子。若任由外在人事物境決定我們的感受，那麼終其一生都注定感受不好，在「執著」及「抗拒」間不斷擺盪，如同輪迴在無間地獄。

想離開無間地獄，其實只需要「覺醒」，覺醒的意思就是，你終於從被制約的幻象中醒來，發現你所追求的感受一直都在你之內，你是你情緒感受的主宰、觀察者、最高權威，只是過去經驗讓我們無法允許自己和感受在一起，習慣否認及逃開；當我們學習無條件地尊重自己的情緒，以自己的感受爲最高指導原則時，你會驚喜地發現許多難題竟輕鬆迎刃而解。

但我猜，讀到這兒的夥伴應該已經皺起眉頭，質疑地問：

如果只顧自己的感受，不就會變成一個自私的人嗎？

如果只顧自己的感受，不就會傷害到別人嗎？

如果只顧自己的感受，不就會怠惰、懶散、貪玩、沒有成就嗎？

我們都誤以爲，重視自己的感受，人的陰暗面就會膨脹，變得貪婪、自私、懶惰、剝削或鄙視他人等等，但殊不知，貪婪、自私、懶惰、剝削或鄙視他人，恰恰來自內在的「感受不好」。你應該很難想像一個內在感受美好到像活在天堂一般的人，會想要去掠奪或傷害誰，他只會想要給予、把滿出來的愛分享出去。

好的感受不是零和遊戲，不會誰多了一點就讓別人少了一點，會感覺少了的原因，正是因為不理解我們是內在的主宰，只無力地企盼著外界人事物境來讓自己感覺好，因此對於外界的各種變化反應劇烈。

重視自己的情緒感受，不是把情緒丟給別人

「可是，重視自己的情緒感受，就會變成像我媽/我爸那樣的人，只會為別人製造痛苦。」當聽到我說感受很重要時，幾乎八成以上的夥伴會回應我類似的話語。如果這也是你的心情，我猜，在成長過程中，你肯定有過只能默默吞下他人情緒，卻無法反抗的委屈經驗，這會導致我們因為不想變成像父母那樣的人，而把情緒統統隱藏起來。

這大概是身為孩子難以避免的共同創傷吧！養育者因為自身的壓力、挫折、不

滿無從發洩，轉而將情緒丟在和自己最靠近、也相對安全的孩子身上。例如，明明是想對老闆抒發的不公平情緒，卻責怪孩子玩鬧讓自己心煩；明明是在朋友間覺得被比下去，卻恥笑孩子考差真丟臉；明明是和伴侶感情不睦，卻抱怨孩子怎麼都不回家陪自己。

可以想像，我們的養育者也是這樣被養大的，沒有被好好撫慰的情緒會一代傳一代，像基因般複製下去。從小被罵大的男孩，容易長成一位經常羞辱、懲罰小孩的父親；小時候被壓抑的女孩，容易長成一位用隱微情緒控制他人的母親。所以，當我們沒有理解、分化、安頓自己的情緒，就會無意識地將情緒丟給別人。我們知道向別人丟情緒的代價，所以身邊的親人、孩子，就成了代罪羔羊，承受著根本不屬於自己的情緒，學會忽視、否認自己的感受，然後，繼續一代傳一代。

「重視自己的情緒感受」則是完全相反的一回事，需要具備三種心理能力。第一種：**認識並接納自己的能力**。什麼樣的人事物境會引發你的情緒？你的成長歷程發生過什麼，讓你種下某個想法，引發這樣的感受？並接納自己的所有反應都有專屬的原因，也是這些反應提醒我們，是時候停下來，好好關愛自己（歡迎你使用我的第一本著作《活出你的原廠設定》中「馴服情緒五步驟」，來練習這個能力）。

第二：**同理他人的能力**。這並非要我們完全懂得別人或體諒別人，而是廣泛性地認知到，每個人的情緒反應都源自於他獨特的成長經歷，當下的情緒不完全因爲當下。我常比喻，情緒就像一串粽子，拿出一顆的同時，其實提起的是一整串，裡頭包裹著從小到大壓抑的部分，所以對方的情緒與我有關的比例其實很低。如果我們認定「他是衝著我來的」，就會引發四種常見的自動化防衛：戰（fight）、逃（flight）、僵住（freeze），或因爲感到罪疚，下次加倍地討好（fawn）。反之，當我們充分了解每個人的情緒機制跟我關係不大，而是跟他的畢生經歷更有關時，就能保有健康的心理界線，減輕受攻擊的不適感，也更有餘裕平穩地表達自己。

第三：**爲自己的情緒負責的能力**。許多夥伴誤以爲，爲自己的情緒負責，就是不要影響到別人，退一步海闊天空，反正又無法改變別人，只能改變自己，但這些夥伴口中的「改變自己」，實際上是「忍耐」。可是如今你我已知曉，情緒並不會因爲忍久了就自動消散，它會累積，甚至變形，變成你不認識的樣子，讓你越來越不懂自己，也和外界越來越敵對。

因此，**「負責」的眞正意思，是帶著愛與耐心深刻地理解自己**，只有我們清楚自己這一生經歷了什麼，只有我們知道自己是如何解讀各式各樣的現象，所以，也只有我們能爲自己清理、代謝舊的反應模式，建立新的看法與選擇新的行動，進而產生不同以往的情緒感受。**只有你能決定你的內在感受。**

個案小藍告訴我，這幾年他不斷更換工作，原因在於遇到的同事都很難相處，動不動就發生衝突，或是感覺被針對，但當他換到第七份工作的時候，他突然意識到：「會不會是我的問題？」帶著挫折和自卑的感受，小藍來到諮商室裡。

我很好奇，當同事做什麼或說什麼的時候，小藍會感到他們「難相處」？他說，同事A的眼神很不耐煩、同事B常暗指自己做不好、同事C從來不會順手幫小藍拿信件……舉了好多個例子，我請他歸納一下，內心最常體會到的情緒是什麼？「生氣、焦慮、緊張。」小藍說：「我隨時都在觀察，他們是不是討厭我。」

而這正好符合小藍的成長經驗，因爲父母工作不穩定，小藍在各個親戚家裡輪流住，寄人籬下的生活，讓小藍對於每個細微表情、語氣、動作都特別敏銳，一聲咳嗽就曉得，姑姑不高興小藍把濕漉漉的鞋子穿進來；一個眼神就知道，舅舅不爽小藍早餐多花了十五元買奶茶。

如果小藍繼續認定是眼前的同事難相處，把情緒丟給同事，希望同事對自己態度好一點，或換一群同事試試看，他將錯失認識自己的機會，並容易錯判當前的狀況，沒有敵意也看作有敵意。但如果一味責怪是自己的問題，或認爲忍一時風平浪靜，小藍也會過度忍耐不恰當的對待，重複兒時的創傷，就像透過殘影看當下，永遠看不明白。

所以，**「重視自己的感受」不是「只顧自己的感受」，「爲自己的情緒負責」也絕非「壓抑自己的情緒」**。練習站在一個更高的角度，全面地看見自己、看見他人、看見情境，然後有意識地清理過去的殘影，讓這份看見更透澈。當眼光越來越清明，就算外頭世界狂風暴雨，你都能輕鬆地待在颱風眼，此時，你的情緒感受將得以發揮它天然的功能，下一段落即將爲你揭祕。

情緒能量是你與生俱來的超能力

在我的諮商經驗裡，有超多夥伴問過我：「心理師，爲什麼人要有情緒啊？能不能給我一種藥或一台遙控器，讓我不要有任何感覺就好……」我明白，有時候我們眞的太痛苦了，痛苦到想把情緒這個系統全部關閉。身體裡的迷走神經的確會這樣做，當情緒能量過於龐大，人類會呈現麻木、呆滯的「解離」狀態，就像打雷閃電把家中保險絲燒掉那樣，瞬間斷開所有能量源，以求自我保護。

你是否曾好奇，即便那麼痛苦，甚至引發人類各種心理疾病，爲什麼情緒仍然沒有被演化淘汰？其實，情緒是人類與生俱來的超能力，但如同所有電影中的超能者，剛發現自己的超能力時都很笨拙，一下毀了這個、一下燒了那個，不過一旦學會如何正確使用，便開始飛天遁地起來，「情緒能量」就是這麼神奇的存在。

介紹情緒第一個功能前，需要各位和我一起發揮想像力，將地球時間倒轉到三十萬年前。當時有兩個祖先，一個叫祖先A，另一個叫祖先B，分別住在非洲的不同區域，三十萬年前的今天，是這兩位祖先遇上某隻不知名生物的日子（三十萬年後的我們已經知道這種生物叫做獅子，兇猛的肉食者）。

祖先A遇到獅子的那刻，他的基因設定讓他0.1秒都不用，就開始心跳加速、手腳發抖、視線集中，並且直覺地拿起身邊的石塊開始往獅子砸過去，成功地將獅子擊退，因此祖先A的這種會心跳加速、手腳發抖的感受，就隨著基因流傳了三十萬年，到現在閱讀這行字的每個人身上，我們叫它「緊張」、「恐懼」。

反觀祖先B，他的基因裡沒有讓他心跳加速、手腳發抖的設定，甚至，祖先B超正向樂觀的，在他眼裡，那頭不知名的動物好可愛，忍不住伸手摸摸牠的鬃毛，還想把牠帶回家養，猜猜看，祖先B的下場如何？肯定是一口被吃掉，這樣好傻好天真的基因當然難以流傳到我們身上。

你發現了嗎？雖然這世界崇尚正向樂觀，但我們的原廠設定其實是對負向感受更加敏銳的，以後如果有人勸說你別那麼負面，記得理直氣壯地回應他：「我們人類的原廠設定就是負面感受、判斷及思考。」因爲**這正是情緒能量的首要功能——生存**。

就像當你晚上在公園跑步，餘光瞥見腳邊一條彎彎曲曲的東西，你肯定會先驚嚇到跳開，再來定睛判斷那是條蛇抑或繩子，不可能反過來先判斷再考慮是否跳開，因爲那已經不是大腦的邏輯分析能達到的速度，而是情緒的直覺反應，不管它的判斷是否有誤，我們都需要負面情緒的提醒，才有辦法存活至今。

然而，大部分現代人都已不再受到猛獸的威脅，社會治安、醫療技術也有長足的進步，「生存」這項功能雖然基本，卻不再那麼危急，因此，接著爲你介紹**情緒能量的第二個功能——認識自己，做出最佳決策**。

做決策耶！這應該是由理性掌管的面向吧，怎麼會跟情緒扯上關係？甚或你可能會想起自己情緒高漲時所做的衝動決定，因此認定做決策絕對不可以參進情緒，但科學家透過研究腦損傷患者發現，當情緒腦區受損，患者連最日常的決定都做不出。在我的臨床經驗裡，許多童年受過情緒虐待（羞辱、忽略、否定、貶低）的夥伴，更容易出現「我不知道我要什麼」、「我不知道該怎麼辦」等徬徨狀態。

邀請你回想，現在的伴侶、工作、科系、生活地區等任何由你決定的事，當時這個決定是怎麼出現的？是將全世界的所有工作表列出來逐一分析優劣，還是先有一股「內心的傾向」，再朝那個方向尋找？想必答案很清楚，我們每一個大大小小的決定，都是來自一股感受，再循著情緒感受給出的指引，啓動理性思考的功能，做出更細膩的決策。

愛因斯坦曾說：「直覺是上天的恩賜，理性則是忠實的僕人，然而我們營造的社會，卻忘記了恩賜，把榮耀錯給了僕人。」簡單來說，你的理性是一輛好開的車，但情緒中的直覺才是駕駛者，他知道眞正適合你的方向。

聊到這，可能有很多夥伴會想：「但我上次依循感受做的決定不怎麼樣，反而經歷了一場失敗。」我想說的是，情緒能量所指引的本來就不是絕對成功的路徑（或至少不是我們充滿局限的小腦袋瓜所定義的「成功」），而是你的靈魂想體驗的路。許多人一生按部就班，活在這世界認定的標準，完全沒有失敗或出格的行爲，可是臨終前卻充滿懊悔，那就是因爲我們騙得過別人的眼光，卻永遠躲不過自己情緒感受的召喚，那裡住著最眞實的你。

美國加州的心能商數協會（Heart Math Institute）曾做過一項研究，發現心臟的能量場是大腦的四千倍！這代表什麼呢？先體會一下每個器官所代表的不同功能。當你認眞「思考」的時候，你可能會摸著腦袋，但當你充滿「情緒感受」的時候，你會觸摸的是心口，心臟比起大腦，更是我們用來表達及感受情緒的器官。所以當我們用大腦的理性邏輯，要求身心感受應該要怎樣、不可以怎樣時，就如同讓一個小小兵對抗四千大軍，這正是你我每天欲振乏力的原因。反之，當我們所言所行皆是心之所向，自然而然就有四千倍能量流，推著你揚帆啓航，高效能其實毫不費力。

最後，**情緒的第三大功能就是——與他人的溝通管道**。情緒是打從我們一出生，不必學習就會使用的技能。一九七五年，美國著名依附理論學者愛德華．特朗尼克教授（Edward Tronick, PhD）進行了一個「面無表情實驗」（Still face experiment）。實驗過程是這樣的，一位媽媽對著自己新生的小寶寶做出開心玩鬧的表情，小寶寶很快地回應，跟媽媽一起愉悅地笑著。三分鐘後，媽媽突然變成一張面無表情的臉，紀錄片中看得出小寶寶立刻變得慌張，不斷揮手、大叫，引起注意無效後，便痛苦地哭了起來。

「面無表情」是種中性的情緒，卻讓我們非常不舒服，這呼應了前面所說，我們的原廠設定就是傾向負向感受、負向思考，小寶寶無法判斷你的狀態時，就傾向認定這是危險訊號。接著，用人類最天然表達自我的方式——哭泣，宣洩內心的不安全感。

這或許讓你很驚訝，畢竟我們都曾擔心自己的情緒會破壞關係、傷害感情。無論職場還是家庭，每個人都在倡導「理性溝通」，但如果理性溝通眞的有用，社會新聞也不會整天報導互毆、衝突事件。也正因爲「情緒溝通」是寫進基因裡頭的設定，比起文字和語言，我們更信任情緒訊息的眞實性。因此，若能掌握情緒能量的運作法則，無論你內向或外向、口若懸河或惜字成金，都可以成爲溝通專家。

我曾有幸進駐多家企業訓練客訴處理人員，他們因爲職務頻繁接觸情緒強烈的客戶，身心壓力極大，沒有適當的應對方法眞的傷身又傷心。例如，當怒火攻心的顧客咆哮著：「你們這麼大間的公司是這樣對待客戶的嗎？叫你們經理出來！」大部分人員會回應：「先生，請您冷靜，我們要理性溝通，您這麼大聲我無法和您溝通。」試想，若是你在氣頭上，旁人叫你冷靜，你就可以冷靜下來嗎？甚至可能造成反效果，讓你更想翻桌吧？原因就在於「情緒不同頻」形成的對立感，**若想讓對方平靜下來，就需要先與他「情緒同頻」。**

所以，我會先協助客訴處理員們認識到「情緒能量如同浪潮」，倘若我們試圖拿一面盾牌阻擋它的來襲，不但無效，還可能反過來被浪衝回打到自己。但如果我們與對方同頻，你就瞬間變身爲一根導管，將水流引至別處，不但可以毫髮無傷，也能讓對方感覺受到幫助，因而更信任你。

就上述顧客的例子，我們可以這樣回應：「哇！我不知道發生什麼事了，但肯定讓您非常不舒服，來來來，貴賓室開好了，我們到裡面喝杯茶，這邊請～」稍微拉高音量、加重語氣，但不是用來站在他的對立面，而是用來共鳴他的感受，此時，對方的情緒浪潮就能順著導管流洩出去。

一位做業務的學員與我分享，他使用「情緒溝通」的模式，將公司一位沒人敢處理的燙手山芋變成自己的忠實客戶，而且關係超級融洽。我猜這是因爲，每個人的內心都住著一個情緒受傷的孩子，在生活中很少有人能與之接近，當有個人能不害怕他，勇敢地貼近他時，自然能恢復成天眞自在的樣貌。所以，**眞正讓溝通順暢進行的，不是天花亂墜的厲害話術，而是情緒能量與對方同頻，這將瞬間營造雙方**

的安全感，有了安全感，一切好談。

就像情侶吵架，大多時候重點也不在於事件對錯，而是彼此的內心感受沒有得到關注、情緒沒有對頻，例如，來伴侶諮商的小芳因爲報告遲交被老闆罵而感到委屈、挫折，男友柏佑立刻說：「那妳下次報告早點交，或是來不及交記得先跟老闆說一聲，就不會被罵了啊～」小芳氣不打一處來地怒斥柏佑：「好好好，都我的錯可以了吧！你根本什麼都不懂！」便甩門離開家，讓柏佑覺得莫名掃到颱風尾。

透過諮商，我們清晰地看見，柏佑當下的心情是急躁擔憂的，他生怕若沒有替小芳解決問題，自己就是個無用的伴侶，但小芳聽到柏佑的話，好像又被指責數落了一遍。後來柏佑理解了小芳當下的需求，就是有人陪陪自己，方法則是其次，晚點再聊也行。而小芳也理解了柏佑的回應不是否定，而是源自生怕自己不夠好的挫折，兩個人的情緒終於對上了頻，在諮商室中擁抱在一起。

情緒感受，正是我們自愛、愛人、相愛的能量源泉。

情緒能量那麼好用，要怎麼用？

從小到大，你有被否定情緒的經驗嗎？「你是男生，不可以哭！」「妳是女生，那麼凶悍沒人會喜歡妳！」「這有什麼好難過的，堅強一點！」「要祝福別人的成功，嫉妒是輸家才有的心態。」即使我們平安長大，遠離了管教、否定我們之人，這些外在制約卻早已悄悄內化成大腦中的聲音，繼續指責、嫌棄自己，直到我們再也聽不懂自己的情緒，更別說知曉如何運用情緒能量。

《不費力的身心充電法》作者，也是電磁場健康領域先驅的艾琳·戴·麥庫西克提到：「就化學面來看，如果在情緒未達高峰前將其抑制，它們就必須在體內找個小小的藏身之處待著，它們會敲敲細胞的大門說：『我可以進來躲一下嗎？因爲現在沒人想理我。』我們會產生慢性的輕度悲傷、憤怒或焦慮，是因爲細胞內就住著那些分子，長期躲在身體的某個器官，打亂身體藍圖的設計。」

沒有讓情緒完整釋放的行爲皆是壓抑，包含那些看似正向安慰，實則試圖抹除情緒的說法，「沒事啦」、「睡一覺就好了」、「明天會更好」，都在讓情緒分子無處宣洩。你可以將情緒想像成一條河流，流向永遠是固定的，水流的本能就是朝著下游釋放，也會因環境的不同產生水位變化（例如上游下大雨，中下游就會溪水暴漲）。此時，最佳的疏通方式就是讓它自然流洩，而非用任何形式將之阻擋，通常阻擋只會讓水位持續積累，直至潰堤，因爲水流終將找到去路，淹沒其它土地。（例如某位個案八年前經歷了一次失戀，但因爲他深信難過沒有用，決定忘記這件事，以拚命工作取代感受，八年後卻沒來由地罹患憂鬱症。）當然我明白，有些夥伴釋放情緒的經驗造成過許多傷害，無論對自己或他人，所以心有餘悸。我們慢慢來，我會在〈2-3 清理能量淤積——該如何好好哭？〉那一段落，和你詳細說明既安全又澈底的釋放之道。

除了常見的情緒壓抑外，我也想更深度地與你探討第一章凱倫故事中提過的「複雜性創傷後壓力症候群」（簡稱CPTSD）這種極爲普遍的創傷現象。CPTSD名稱的C——「複雜性」意指來自成長過程中，長期、重複、慢性的家庭或人際暴力，包含怒罵、毆打、羞辱、虐待、性侵、嘲笑、貶低、排擠、威脅、忽略，及不安全、動盪的居住環境等。

美國知名心理治療師彼得·沃克（Pete Walker）在他所著的《第一本複雜性創傷後壓力症候群自我療癒聖經》中，提供CPTSD的五個常見症狀，協助讀者進行簡易的自我覺察（但也邀請大家切勿妄下論斷，若有疑慮務必諮詢您信任的心理師，以求更完整的探索）：

1 情緒重現（emotional flashback）

你常被說情緒反應太大嗎？這可能源於過去的創傷情緒，即使成年之後，仍容易被「勾起」類似的感受，並且因爲情緒過度強烈，身邊的人難以理解，造成關係衝突，內在又衍生出更多自我責備與厭惡。例如，兒時有被遺棄經驗的夥伴，對於朋友的已讀不回、伴侶和自己意見不同等等，都可能產生「要被丟掉了」的恐懼，進而出現指責對方或過度討好等反應。

2 毒性羞恥（toxic shame）

你根深柢固地認爲自己很愚蠢、醜陋、沒人喜歡或失敗嗎？這通常來自養育者的否定、忽略及拒絕。有夥伴告訴我，他曾拿菜瓜布洗刷身體，刷到破皮流血還不停止，因爲父親拿他的深膚色質疑母親可能出軌，並且辱罵個案是醜惡、骯髒與不該存在的雜種，這類「殺死自尊」式教養，會讓我們經常處於自我厭惡中。

3 自我拋棄（self-abandonment）

你認爲自己不值得幸福嗎？這個信念讓我們失去健康的自我意識，甚至出現自我毀滅的行爲。例如有些夥伴會不想吃東西或吃過多的東西，有些夥伴會隔絕自己或有過度的性行爲，甚至，你會無意識地破壞自己的成功，像是升職面談日睡過頭，和伴侶感情很好時反而大吵等等。

4惡性的內在批判（vicious inner critic）

不管事實如何，你都強烈地感覺自己不夠好嗎？這是一種持續性的內在聲音，許多夥伴仔細聆聽後都會發現，這股聲音的用字遣詞很像養育者或霸凌者，就像大腦裡住了一個代替他們的「內在找碴鬼」，在你做得好時諷刺你、看衰你，做得不好時對你落井下石。許多有「冒牌者症候群」的夥伴應該對這個批判之聲相當熟悉。（Imposter syndrome，是心理學家Pauline R. Clance和Suzanne A. Imes在一九七八年提出的一種心理現象，泛指高成就者仍無法相信自己夠好，認為自己配不上這些成功及幸福，特別在女性身上尤為常見。）

5社交焦慮（social anxiety）

「我只能靠自己」是你的招牌策略嗎？若我們的成長及人際經驗相當不安全，的確不容易信任人類，甚至有些夥伴會告訴我，他們在生活中都是幫助別人的那個，自己的心情卻無人知曉。

如果你對上述現象心有戚戚焉，表示你的反應可能是創傷經驗後的自動化防衛，和當下的關聯性不大，更多是過去未完成的情緒重現，所以感受才會顯得那麼洶湧及難以理解。邀請你深深地呼吸，進行接下來的能量療癒練習，這會是一段不容易卻超級值得的旅程，面對內在家園此時的斷垣殘壁雖然並不舒服，但能一磚一瓦地建造宜居之地，或許是我們能爲自己做的，最有愛的一件事。

安頓複雜性創傷「情緒重現」之六步驟練習

這個練習旨在邀請你探索自己的創傷經驗，看見不斷被帶出的主題是什麼，進而對於重複反應產生覺察力。

許多夥伴誤以爲，安頓情緒創傷之後，我們應該要變得樂觀、積極、正能量，殊不知，**高EQ的定義其實是擁有健康的情緒反應，包含允許自己有任何情緒、理**

解情緒現身的緣由，並用具建設性的方式紓解及表達情緒。

所以，我想特別強調，「情緒重現」不是你的敵人，它不需要被消滅。光是意識到自己正在情緒重現，人生就能有很大的不同，不再被情緒淹沒，可以站到一個相對安全的位置，溫柔地理解自己正在發生什麼，並看見我們其實擁有更多選擇。

首先，請安排至少一小時的獨處時光，在安全、安靜的空間裡進行練習，過程中可能會有強烈的情緒出現，例如羞愧、憤恨、憂鬱、焦慮、悲傷等，但請注意，有些夥伴會出現麻木、沒有感覺，好像僵住、呆住了，這也是情緒重現的一種呦。如果發現太難承受，歡迎你隨時暫停下來，立刻做點喜歡的事，吃點心、喝杯茶、看部影片，等到準備好再繼續，請全然尊重自己的狀態與需求。

1. 寫下你此刻出現的，或從小到大最常出現的情緒（不太熟悉情緒的夥伴，歡迎參考〈附錄：情緒詞彙列表〉）

2. 發生了什麼事件，引發這類情緒？（請詳細寫出你看見什麼、聽到什麼、感覺到什麼、大腦思緒是什麼？）

3. 閉上眼睛，讓自己重回第2題事件發生的當下，在你身體哪個部位引發了感覺，請記錄下來。

4. 把一隻手放在這個有感覺的部位，往前回溯，寫下你所能記得引發這類情緒的事件。寫完一件再把時間推往更早的時期，直到完全想不到更多事件爲止。

5. 把手離開剛剛擺放的位置，甩一甩、動一動，大口吸氣、大口吐氣約一分鐘，代謝掉這些事件殘留的能量。

6. 雙手環抱自己，左右手輪流輕拍自己的大手臂，像對待小嬰兒一樣輕輕地拍，並叫喚自己的名字：「＿＿＿（你的大名或暱稱），原來你曾經那麼不安，辛苦你了，現在這份感受叫做情緒重現。此刻，我們是安全的，我們是安全的，我們是安全的。」

結束後，請花個三分鐘深深地吸氣吐氣，讓內在能量代謝、沉澱與整合。通常不會只有一種情緒重現，所以一旦在生活中出現不舒適的感受，就可以運用這六個步驟來覺察自己。當然，這僅是一個起點，複雜性創傷需要耐心與深度的復原歷程，若你願意，可以找尋適合的心理師或專業人士陪伴你一起走過。

情緒感受是你的能量訊號——「聽見心的指引」練習

你是如何選擇，某個人你該靠近或遠離？某件事要做或不做？選A還是選B等日常難題呢？大部分夥伴可能都寫過「優劣分析表」（pros and cons），列出所有益處及壞處，讓大腦做邏輯推演，抑或諮詢命理師、擲筊等外在權威，使其接管我們的命運，但事實上，內在的你一直都知道答案，只是天線訊號遭受一些干擾，如此而已。

而前述的「情緒重現」正是這股干擾，讓我們聽不見當下情緒所傳遞的訊息；

另外我也觀察到，越是仰賴大腦思考的人，選擇困難的症頭通常就會越嚴重，較易感到自責、猶豫不決、自我懷疑等。

大腦的思考及其引發的情緒感受稱之爲「小我」，用我們活著這短短幾年累積的經驗判斷未來，並以爲未來都會和過去一樣（也就是情緒重現）。但你的靈魂、身心能量可以稱之爲「大我」，祂連接的是全宇宙的大數據，超越人類三十萬年歷史、地球五十億年歷史，我們身上存有宇宙大爆炸之初的那股能量，祂見證著萬事萬物環環相扣、皆爲一體、延綿至今，單純進行與宇宙和諧共振的安排。

你可能會覺得有點浮誇，哪有這麼玄妙？但請回想一下，你人生中是否有過類似的故事：某天收到一則消息，雖然大腦有所遲疑，你依然順著某種靈感進行了某件事，或見了某個人，因此得到一份重要的提醒及資訊。

以上所述正是我的眞實經歷。

當時我仍在金融業上班，過著缺乏熱情、渾渾噩噩的日子，偶爾冒出一絲想轉職的念頭，也發現自己對心理學有興趣，但因爲覺得脫離（其實並不舒適的）舒適圈太艱難，缺乏搜尋的動力，就乾脆擺著，過一天算一天。某天，我收到十幾年沒見，早已生疏的國小同學來電，問我要不要參加小學同學會，雖然有點怕尷尬，但反正也沒事，就過去和大家會合，結果現場有兩位同學大學都讀心理系，那天晚上他們熱切地和我分享，該報名哪家補習班、該做哪些準備等重要資訊，正式地開啓我的心理師之路。

如果聽從大腦的判斷，我相信它會盡責地輸出一堆質疑：「同學會當天有誰？」「超不熟的，氣氛會不會很乾？」「我人生那麼沒勁，如果其他人很成功怎麼辦？」「要不要背那個包包讓自己看起來威風一點？」等族繁不及備載的焦慮，重現兒時各種人際競爭的挫折情緒，最後有極大的機率阻止我出席。好在，那天我跟隨的是一股內在向上湧出的能量，輕輕推著我前往。

或許，我們畢生的課題就是放下「大腦」、「小我」的限制性思維（也就是執著和抗拒），順著「靈魂」、「大我」純粹的能量流，讓生命自動展開。歡迎你運用以下這份練習，和內在的最高智慧連結。

溫昕提醒

這份練習特別適合在你對現狀困惑、不知怎麼選擇、擔心做錯決定時使用，但請先使用〈1-4 提升覺察力的三個方法〉的相關練習，對能量上升下沉、緊縮敞開有更敏銳的覺知，以及多次進行「安頓複雜性創傷情緒重現之五步驟練習」，減輕雜訊之影響，將會使你更有感觸吻！

「聽見心的指引」步驟：

①自由書寫出你所困擾的、不知怎麼選擇的狀況，把所有想法及其引發的情緒盡量寫下來，先讓大腦抒發，直到大腦聲音逐漸消停，差不多講完為止（如果開始出現重複，也算是講完了）。

②坐在椅子或床上，讓背部有支撐或倚靠，閉上眼睛，輕鬆地呼吸。

③用意識之眼往內觀察，哪個位置有感覺？是什麼樣的感覺？

④有些人是緊繃的，執著著之前的美好，不願意出現任何改變；有些人是焦躁的，抗拒現象的發生，想盡全力讓它改變。無論如何，都用內在的意識之眼看著這些想法就好，讓自動出現的自我批判或羞恥感放鬆下來，持續透過緩慢而深長的呼吸，放鬆那個有感覺的位置，這是此刻唯一要做的事。

⑤等到那個（或那些）位置出現較為舒適、輕盈、上升、敞開的能量，就代表本次堵塞的清理已完成（通常不會一次就完全通暢，但我喜歡一次清一點點，慢慢來比較快），緩緩地張開眼睛。

⑥最後，向內提問以下的問題，別急著理會大腦的自動化回答（大腦的原廠設定就是不斷地回答問題，並製造更多問題），先帶著我們清理完畢的能量回到當下的生活之流中，讓生命用各種訊號及靈感回答你。

如果這個困擾是爲了我的內在成長而顯現的，它想讓我理解什麼？

如果我是一個沒有過去經驗干擾的全新存在，我會如何看待這個困擾？

哪個選擇更像我自己？與我內在能量一致？

如果我是完全自由、毫無限制的，我會做怎麼樣的決定？

⑦最後，準備一個小筆記本，把上述四個問題寫在筆記本上（或記在手機備忘錄中），給自己三十天的時間感受心的答覆，一旦有任何靈感或發生巧合的事件，就記錄下來，三十天後再來看看自己的選擇是什麼。每時每刻，準備好接收來自宇宙的驚喜！

心的指引跟大腦最不一樣的地方，就是祂不是用思考、邏輯推理的方式呈現。祂是源源不絕、隨時隨地在提供你靈感與線索，可能是一句廣告台詞、電影中的一幕、書上的一句話、YouTube跑出來的一部影片、遇到的某個人等，只要能讓你有感覺的，都絕非偶然。當我們的心足夠敞開，能量足夠清澈通暢，就能自然而然接收訊息，並對每一個選擇與決定充滿信任。

2-2 如何應對生活中的「負能量人」？

每當大家發現我的職業是一位心理師時，大約有九成九的人會好奇地問：「哇！你每天接收那麼多『負能量』會不會受到影響啊？」我猜，提出這個問題的夥伴，肯定也曾爲此困擾，那些所謂「負能量人」與「能量吸血鬼」似乎難以應付，尤其當他們是你的家人、伴侶、親友，或每天得互動的上司、同事、客戶……光是想到要和他們見面，就覺得電力耗盡，心好累。

但其實，「負能量人」的存在超級重要！他們如同一面鏡子，反映出我們內在的眞實狀態，邀請我們覺察自己。

說個故事，幾個月前我接到一通快遞打來的電話，他把貨物送到我家，我卻剛好不在，因此他非常生氣地把我痛罵一頓，接著又「啪」一聲掛了電話，雖然我理智上知道，他沒有事先通知，本來就有可能遇不到我，這不是我的錯，但感受並沒有因爲大腦的理解而平息，反倒湧上一股強烈的難過。因此，我停下手邊的一切，關心地探問自己：「蘇予昕，妳還好嗎？最近發生什麼了？」當我這樣一問，才驚覺那陣子的我實在太累了，每天密密麻麻的行程表，滿足他人大大小小的需求，以爲做到最好就能換來肯定，但當快遞指責我做得不夠好時，壓抑已久的疲憊和委屈才瞬間潰堤。

當然，我可以立刻怪罪那名快遞是個「負能量人」，沒有禮貌、莫名其妙，但這就落入我們最常使用的「投射」機制，把自己不喜歡、不接納的面向丟給外界的他人，都是they的錯，以獲取短暫的舒坦。不過，我們也可以選擇，透過這次事件檢視自己的能量狀態，調整人生步調，進而更符合身心的需求。

心理諮商工作也是一樣的，若晤談完後我產生了悲傷、挫折、生氣、厭煩等情緒，其實跟個案沒有直接的關係，僅是個案的狀態勾起我原本就有的內在陰影，或個案的故事引發我尚未處理的創傷。簡而言之，「負能量人」就是來戳爆我們平時不想去觸碰的部分，邀請你（不得不）看見自己，進而有機會選擇向內關注。

遇到哪類型「負能量人」？訴說著你的能量議題

特別強調一下，遇到「負能量人」不是我們的錯，更不是咎由自取；試著這樣想像，人與人相處是一種能量交換，一進一出、一出一進，形成能量平衡，此時你會感覺很舒服自在。倘若，兩個人的內在議題剛好勾在一起，一個人不斷索討，另一個人不斷給予，雖然不是健康的狀態，卻也形成某種「恐怖平衡」，使人難以脫離。

例如，許多人不解，沒有被囚禁的受家暴者爲何不離開就好？但當一個人認定自己「不值得」幸福快樂，被暴力對待是他相對習慣的，甚至將暴力行爲解讀成「他在乎我」、「他都會誠懇地跟我道歉」或「我也有錯，他才這麼生氣」等，雖然外在現象很痛苦，卻與自己的內心世界吻合，使其繼續待在負能量關係中，維持這份恐怖平衡。

另外，很多夥伴應該都有過「我愛的人不愛我，愛我的人我不愛」的經驗，遇到關心自己、疼愛自己的人，我們不屑一顧，卻偏要對不太尊重我的那個他動心，這也與我們的能量議題息息相關。

想澈底活出最渴望的樣子，就讓身邊的「負能量人」發揮他存在的功能，幫助我們看見自己的狀態吧！以下為大家整理出五種常見的負能量人，並剖析是什麼能量議題讓我們容易受到對方的影響。

1 討關注型

雖然我們每個人多多少少都是需要被關注的，但負能量人的討法會讓你感覺精氣被吸乾，相處完筋疲力盡。他們似乎想永遠霸占聚光燈，話題無論從誰開始，最終都會繞回他身上，甚至使用迂迴的語言，表面上聽起來像在抱怨，暗地裡卻在討要你的讚美與欣羨，例如「我眞的快忙死了，外商公司副總裁眞不是人當的」或「就叫我老公不要買這麼貴的項鍊給我，他還硬要買」等所謂的凡爾賽式言論。

若身邊經常出現討關注型負能量，我們的議題可能是：「自信不足」，畢竟自戀者有時還眞能得到蠻多注意（甚至變得有名、有權），那種高傲、高談闊論的樣子，也經常被誤解成是「自信」，錯使我們以爲得跟著配合、附和他們，才能變成受重視的人。

2 受害者型

受害者型最顯著的特質就是「無止境的抱怨與怪罪」，在他身邊的人都曾被他推上加害者寶座。他可能會說：「像你這樣的人不會懂我有多痛苦」、「你都不知道自己錯在哪裡」、「爲什麼老天這麼不公平」等無助的訊息。但很有意思的是，「無助」其實是很有力量的，就像小嬰兒雖然脆弱，但只要一哭，所有人都爲他忙東忙西，猜他是餓了還是渴了，這就是受害者型人的心理，運用無助讓他人順著自己。

若身邊經常出現受害者型負能量，我們的議題可能是：「將自我價值建立在他人反應之上」，試問自己，拒絕別人是否讓你很不舒服？你是否認爲無論如何都要先幫助他人呢？如果答案皆是的話，你可能具有「拯救者情結」（savior complex），爲了當個拯救者，你會慣性地犧牲奉獻，即便損及身心及自我價值感，你也想讓旁人滿意。但如同飛機迫降時的警示要求——先爲自己戴好氧氣罩，再爲身旁需要幫助的人配戴。如果我們自己的能量耗盡，就幫不了任何人，更別說一味地幫忙，對方也無法成長與轉變。所以面對受害者型人，很多時候，不幫才是一種幫。

3 情感控制型

他們常把自己對你的付出掛在嘴邊：「你沒有我能有今天？」「我爲你犧牲那麼多，這點小事也不肯答應？」若你沒有符合他的期望，就會被冠上「不孝」、「不知感恩」、「過河拆橋」等罪名，讓你因爲罪惡感而就範。在此稍稍爲大家釐清一下，情感控制和我們所推崇的「照顧自己的需求」是截然不同的狀態，情感控質型人傾向透過情感上的壓迫，威脅他人配合服從。但自我照顧者是心口一致地表達需求，卻不會讓你有被強迫順從之感，也能尊重你的最終決定。

若身邊經常出現情感控制型負能量，我們的議題可能是：「以爲愛與肯定只能從他人身上獲取，很難愛自己」。悲傷的是，這類型負能量經常出現在父母及養育者身上，他們也因爲無法愛自己，而將這份責任轉嫁至孩子身上，期待孩子來滿足自己，所以他們會拿人類的基本需求——「愛」、「肯定」及「安全感」作爲籌碼，若不順從他，你就得不到。但就算你順從他了，他也不會滿足，因爲順從並不是愛，這等於讓關係走進了死巷，使每個人都受苦。惟有意識到自己就是愛的能量源，永遠選擇先照顧內在的眞實需求，才有機會轉化關係型態。

4 貶低批判型

這類型人似乎永遠有話要說，認爲自己的看法乃唯一眞理，對不同意見充斥著貶抑的話語及語氣，例如：「怎麼會有人喜歡吃香菜，很噁心欸」、「他那種打扮風格也太過時了吧」，甚至會當面批評對方「你眞的太胖了，這樣不行，會得三高」「你這樣養小孩他會太自我，要多管管他」等看似給別人良心建議，實則透過踩低別人來墊高自己。

若身邊經常出現貶低批判型負能量，我們的議題可能是：「強烈地感覺自己不夠好、害怕自己做錯事」。這與我們兒時不斷被比較與評價的教育制度相當有關，似乎第一名才是優秀，沒有第一名就是差勁，這幾乎讓所有人都覺得自己不夠好，小心翼翼地在各種場域裡爭取他人的認同和喜歡，所以，貶低批判型人的出現僅是幫助我們覺察原本就存在的「內在搗蛋鬼」，發現自己有多擔心他人的眼光、有多容易自我懷疑與否定，當我們的內在能量越來越穩固，就會開始意識到沒有絕對的對錯好壞，也沒有一個人能輕易評價另一個人，因此開始與這些評價保持距離，客觀地審視任何試圖要進入內在的聲音。

5 消極厭世型

這種類型的夥伴像是黑洞一般，任何光線都會被吸收、消滅，看似躺平擺爛，但其實黑洞是力量很強大的存在，所以可以這樣理解——他正在積極地使用消極對抗世界。不做的最大，這樣至少讓他感覺自己擁有主控權，而不用面對努力後還是無效的挫敗感。通常這類型的夥伴不一定會主動接觸你，但當你希望他改變的時候，就會感受到萬千阻力，所以如果他是你的伴侶、孩子，或不得不合作的同事，才會特別有感。

若身邊經常出現消極厭世型負能量，我們的議題可能是：「過度想改變他人，認爲對方的好壞與我們密不可分」，容易吸引（甚至製造出）消極厭世型的人。偶有一些焦急的父母向我詢問，小孩都不念書該怎麼辦？父母們常會苦口婆心地勸說，或恫嚇孩子不認眞有什麼下場，但效果總是不彰。甚至有些家長還會幫小孩寫作業，又怪孩子不自己寫。詢問代筆的原因時，家長回答：「不然老師會認爲我的孩子不好。」再深入詢問，若老師認爲孩子不好，你擔心的是什麼？家長最後都會回答：「那我就不是一個好媽媽/好爸爸。」若我們無法區分彼此的價値，就會一味地爲另一個人負責，加諸很高的期望和壓力，這恰好違背了人類想要做自己的需求，讓人更想用躺平來反抗。

看完這五種負能量人類型之後，你是否默默思索：「呃……我好像也是某一種負能量人耶……」如果你浮現這個想法，我要為你大聲鼓掌！表示你開始願意面對眞實的自己，收回「投射」，承認我們都有負能量，我們也有能力為之負責及轉化。負能量一點都不可怕，它僅是一種提醒，提醒我們內在家園的「圍欄」有些狀況，哪裡破損了，或哪裡需要被建設起來。所以當身邊出現負能量人，或自己出現負能量的時候，**最要緊的事，就是停下來、靜下來，向內覺察自己，然後放鬆那個緊繃的位置，放掉過去慣性的行動，你的能量流將自動為你進行修復心理界線。**

相反地，如果我們抱怨、八卦、批判，等同於滯留負能量，使之擴大、蔓延，加重它對我們的傷害性。若你曾待過充斥著流言蜚語的職場，你一定會發現每個人都缺乏熱情、互相猜忌，流動率相當高，而且留下來的人，通常還是最愛抱怨跟八卦的那群，也就是所謂的劣幣驅逐良幣。

在此鄭重聲明，不抱怨絕非要你壓抑情緒喔！**抱怨的問題點不在述說，而在把責任歸咎到對方身上，這表示我們拱手交出能量主控權，讓外界隨便對待自己；**然而，我們可以選擇更具建設性的形式說出來，無須道人是非，以利情緒的代謝（很多人都有抱怨完其實更不舒服的經驗，就是因爲抱怨會加乘負能量，無法有效宣洩）。例如，我們可以去和所述事件不同圈子的夥伴分享，因爲對方的情緒比較不會受此事干擾，就能共創一個相對穩定的能量場。訴說完外界的事件後，也要記得向內探索與清理（推薦使用第103頁〈安頓複雜性創傷「情緒重現」之六步驟練習〉），即是一次完整的能量提升法。

除了被負能量影響後的探索及清理，每天爲內在家園檢查與鞏固「圍欄」品質是最有效率的作法，幫助我們以較穩定的狀態面對各種未知情境。

接下來，我將爲你介紹三種護持能量場的日常修練法則。

早晨提問法——校準你的內在能量

經常接觸身心靈成長資訊的夥伴，應該都對「自我肯定句」不陌生，面對鏡子告訴自己：「你是最棒的！」「你可以的！」注入興奮劑般的激勵能量，不過，蠻多人發現效果並不持久，甚至出現副作用，引發「內在搗蛋鬼」更大聲的質疑及否定，即便我們說很多正向話語：「我很成功」、「我是充滿愛的」、「我值得全世界的豐盛」，腦袋也會立刻慣性地質疑：「有嗎？」「愛在哪裡？」「豐盛是什麼？」產生更多的問號，變成辯論大賽，讓內在越來越嘈雜。

跟你說個祕密，大腦對於「問句」相當狂熱，就像懸疑片在開頭留下的謎團令人忍不住看到最後，我們很渴望眞相大白或撥雲見日那種獲得解答的舒坦感受。因此，在內在尚未足夠清澈前，肯定語句容易激發更多的問號，但如果我們直接先用問號當起手式，大腦就有機會被我們引導至「找答案」的模式。

不過，大部分人運用問句思考的方向是「找問題點」，例如：「爲什麼我啥都做不好？」「爲什麼沒有人愛我？」「爲什麼我一直這麼窮？」這類用「爲什麼」當開頭的問句，讓我們容易過度專注於問題點，看見更多做不好、沒有愛、匱乏的現象，因而接收不到不符合問題點的面向。猶記我們學習心理諮商助人技巧的第一堂課，教授就曾教導我們，在諮商中不要問個案「爲什麼」，那只會讓他往狹隘、防衛的方向思考。我認爲，對自己的問句也是一樣的。

而早晨提問法，則像是我最愛的童書繪本《威利在哪裡？》一樣。先提供你要找尋的目標，也就是威利長什麼樣子、穿什麼衣服，再讓你從複雜並充滿誤導性的圖案中找到他。看過這本書的夥伴應該能體會，當目標足夠明確，即使圖片使人眼花撩亂，你依然可以自動屏蔽與正解不符的資訊，輕鬆完成任務。

所以，問問題之前，我們得先釐清，你的人生想要的答案是什麼？或許是愛、幸福、健康、安全感、豐盛、成功、富足、愉悅、自信、自在、平衡、平靜等等。每天可以為自己找三個目標，再設計出引導我們通往這三個目標的相應提問。**在這個一日資訊量即超越前人一生資訊量的時代，設定好目的地、集中能量、專注地走自己的路線，變成最重要的能力之一。**

另外，經過一夜的睡眠，身心發揮了本有的代謝與自癒功能，是一天裡最乾淨的時刻，像是擰乾了的海綿，準備好吸收任何你要給它的東西。這時候若我們有意識地進行提問，能量就會為你校準，吸引你所設定的答案來到。提供各位我常用的操作方法及問句庫做為參考，歡迎你依照自己的目標，設計出最適合你的問句。

請準備背誦英文單字的那種「單字卡」（通常上頭有個鐵環將打洞的紙卡串起來，也可以準備厚一點的紙，如名片紙，裝在盒子裡也行），一張小卡寫一句話即可，想到新的語句隨時能補充進去。把它放在床頭邊，醒來後就立刻拿起它，抽籤般地盲選一張，將問題在心裡默念，大聲問出來效果更好。我個人的經驗是問一到三題，對於雷達搜尋的專注效果最好，每念完一題就做一次深呼吸，大口吸氣、放鬆吐氣，想像內在能量啓動搜尋雷達，它將盡責地幫你找到相符的答案。

請至少連續實驗二十一天，將此行動寫入潛意識，形成自動化反應。讓拿小卡取代拿手機，因爲在我們的能量還沒鞏固好時，就讓各式各樣的資訊侵襲，原先沉澱的情緒和思緒又被翻攪起來，難怪許多人一早起床就感到煩躁不安、匆忙慌張，而小卡的問句旨在凝聚、校準、啓動能量，二十一天後記得回顧一下，光是改變起床後的第一個動作，對你整天的能量場有什麼樣的影響。

參考提問句

今天，我會從哪個部位感覺到自己很健康？

今天，我會在哪個時刻意識到自己很安全？

今天，我會注意到哪些有趣的人事物？

今天，我會從何處感覺到豐盛？

今天，什麼會讓我感受到成功？

今天，將會發生什麼開心的情境？

今天，我會在何時肯定自己做得好？

今天，我會在哪裡發現自己的富足？

今天，我會在什麼時刻感覺到愛？

今天，我會在什麼情境中體會到幸福？

今天，在哪一刻我會感到平靜？

今天，做什麼樣的決定會讓我感到平衡？

今天，吃什麼會讓我感覺身體得到滋養？
今天，做什麼讓我覺得受到照顧與疼愛？
今天，什麼樣的想法能讓我覺得倍感支持？
今天，哪個人事物會讓我想要感謝？
今天，做到什麼的時候我就是夠好的？
今天，我會做什麼來娛樂我自己？
今天，我會如何在各種情境中看見好笑的點？
今天，我將用什麼心態享受這一天？
今天，我會在什麼時候允許自己放鬆？
問對問題，讓生命為你自動展現！

拉拉鍊結界法——護持你的內在能量

在《哈利波特》劇情中，爲了對付陰森恐怖的催狂魔（一種會把人的精氣神、正能量全數吸乾的怪物，負責掌控監獄，讓囚犯生不如死，你可以將之看成負能量人的極致代表），哈利向路平教授學習如何使用護法咒保護自己。教授說道：「你必須把所有意念都集中在一個特別愉快的時刻，咒語才會生效。」矛盾的是，當受到催狂魔襲擊時，正是你最恐懼無助的時刻，要如何在最絕望的情境生出希望，讓護法咒成爲魔法世界裡數一數二困難的咒語。

然而，劇情也告訴我們，除了運用快樂的回憶作爲能量，「相信我可以」、「相信方法有效」，就能使它有效。哈利某次在湖邊與受傷的教父天狼星偶遇大量催狂魔，因爲太過恐慌，怎麼樣都施不出魔咒，正以爲不可能戰勝之際，突然看見遠方護法現身，化險爲夷。故事到最後我們才明白，那是未來的自己穿越時空拯救了過去的自己。因此，未來的那個哈利，因爲已經見證護法的成功施行，即便想不到任何快樂的回憶，依舊能召喚出極爲強大的護法。

所以接下來要介紹給你的方法，最重要的關鍵就在於你的「相信」，**你必須先相信你有權力保護自己，你有權力在感覺不對的時候離開，你有權力說不，你有權力感到憤怒，你有權力阻止任何使你不舒服的人事物踏進你的家園。**當你實施越來越多次之後，這份相信就會寫進潛意識，你就不需要再像一開始練習時那麼費力地提醒自己，它會變成自然而然的事。若你發現來招惹你的人變少了、尊重你的人變多了，這就代表你的結界已建立地相當完好，只要在去一些特別不安的場合前進行一下，就能輕鬆地和負能量保持距離。

拉拉鍊結界法操作步驟

1. 坐著或站著都可以，保持脊椎輕鬆打直。
2. 使用雙手輕拍自己，像除去灰塵一樣，從頭部、頭髮、臉部、脖子、肩膀、雙臂、胸口、腹部、背部、腰部、臀部、大腿、小腿、腳部，也可以甩甩手、甩甩頭、扭扭腰、踢踢腳，先代謝掉不需要的能量。
3. 接著，正式開始拉拉鍊，一隻手從恥骨位置沿著下腹、肚臍、胃部、心口、喉嚨、嘴巴、鼻子、額頭到頭頂，到頭頂時，手可以轉動一下做個上鎖動作（手大概在身體外側十公分的位置，沿著任脈由下往上，海底輪到頂輪路徑）。

4. 過程中請想像你在能量場拉上一條拉鍊，並且鎖了起來，在裡頭的自己非常安全。你依然可以和人自在地互動，並不影響交流，但拉鍊會盡責地阻擋任何不適合你的能量進入。拉拉鍊沒有次數限制，所以你可以多做幾次，直到內心感覺平穩一些。

5. 接著大口吸氣、吐氣，感覺你建立的結界開始充氣、向外擴張，雙手向上推高、再往兩邊劃下，創造出一個蛋形的空間，能量飽滿起來。

6. 如果讓你不舒服的人事物已經在你的面前，你也可以運用意念再多拉起幾層防護罩，觀想一層又一層的保護在你和他之間，若對方的聲音逐漸轉小，形象模糊淡化，就代表效果越來越好。

7. 回到家或睡前，可以進行打開拉鍊的動作，一隻手從頭頂扭開鎖，開始拉下拉鍊，從額頭、鼻子、嘴巴、喉嚨、心口、胃部、肚臍、下腹到恥骨，如果稍早建立很多層，也記得多做幾次，過程中緩慢地吸氣、吐氣，讓自己的每個部位都能放鬆下來。

8. 雙手合十放在胸口，對自己說：「謝謝我們今天一起保護了自己的能量，這是我尊重自己、愛自己的行動展現。」

取回關注法——斷開有害的能量連結

人與人之間存在著無形的能量連結，超越時間與空間，就像一條條看不見的管子，即便物理距離再怎麼遙遠，都還是可以互相影響與羈絆，當然，如果是健康的關係，即便對方在千里之外，甚至離開人間，他的能量依然可以源源不絕地傳遞給你。就像我的爺爺雖已過世二十幾年，但當我思念他時，仍可以立刻感受到心口飽滿的愛。

反之，若這段關係並非對我們有益，卻仍在心中與之連結，這就不是時間久了、距離遠了就會沒事的狀態，必須認真考慮，是否要繼續維持這份能量連結。例如，一個夥伴告訴我，他依然懼怕著國小五年級排擠他的那位同學。另一個夥伴說，他仍無法釋懷七年前甩了他的前任。甚至，有位銀髮族長輩向我分享，他一想到三十年前瞧不起他、羞辱過他的那個老闆，就恨不得衝過去痛揍他一頓。

這樣的能量連結，即便你平時不會想到，也會持續消耗你的能量，並形成「殘影」，讓你更容易在當下生活中體驗類似的感受。人際間的排擠、感情上的遺棄、人格上的羞辱……即便早已物是人非，你卻被定格在回憶裡。更別說仍然在你生活範圍內，言行舉止極具傷害性的家人、伴侶、朋友，若沒有即時斷開能量連結，就容易一而再、再而三地受傷。

請放心，斷開能量連結不一定要進行實質上的離婚、分手、決裂甚至斷絕親子關係等，僅僅是在心理能量層面停止傳遞對他的負向關注，就能有所不同。畢竟很多人即便離婚了、和父母再也不聯絡了，內心仍上演各種糾纏，實屬枉然。另外，有些長期照料患者的家屬，或擔任傾聽他人苦痛的職業（心理師們注意囉！）也需要適時斷開連結，這不是要你放棄對方，反而是使自己持盈保泰，能量不被拖垮的祕技。

所謂的「關注」即是將你的能量集中到對方身上，包含：煩惱擔心、憤恨不平、詛咒他過得不好、渴求他來愛自己、測試對方心意、欲使對方改變的意念……

這類負向關注會侵蝕我們自己的能量，如同民俗信仰裡，透過養小鬼去害對方、控制對方，最終消殞的卻是自己，負向關注絕對有其後座力。「取回關注」則是不再傳輸這份能量，就能將能量運用在對我們更有益處的地方，有些夥伴曾在社群平台上對某些人取消追蹤，也可算是一種珍惜自己能量的作法。

但我必須強調，這份練習絕對不是在要求你原諒或容忍任何人，盲目的寬恕並沒有好處，目的只是取回耗散的能量，單純爲了內在的飽滿而做，如果現在的人際關係有實質上的危險，離開對方仍是當務之急。最終，當我們感覺更加豐沛，想到對方時反應平緩許多，我們也永遠有能力重新恢復連結（當然這也要對方眞的值得，對於還沒準備好的人，不連結是一種溫柔），並開始傳遞感謝、祝福、慈悲與無條件的愛等正向關注，滋養對方，更滋養著自己。

取回關注法操作步驟

1. 找一個安全的空間，及一段不被打擾的時間進行此項練習；特別提醒一下，因此練習會涉及想像對方的環節，如果你預期該對象造成的創傷過於強烈，有可能會引發恐慌、PTSD等嚴重反應，請勿單獨進行，找尋心理師一同操作會是更安全的選擇。

2. 首先，閉上雙眼，想著那位讓你能量沉重、心情震盪的對象，從他的外觀、表情、語氣、說過的話語等等，停留十秒鐘，直到他的形象越來越清晰，你的感受越來越強烈，表示負向關注的能量啓動了。

3. 閉上雙眼，運用你的想像力，具象化你們之間的能量導管，請清晰地看見管子的材質、長度、寬度等細節，不用特別思考，讓畫面自動浮現。

4. 依據你具象化的導管材質，選擇適合的截斷工具，有些細如塑膠吸管，有些則粗厚如金屬管線，差別可能取決於雙方在生命中的糾纏程度，歡迎發揮創意，剪刀、雷射激光或關公大刀都任你差遣。

5. 想像你用這個工具切斷負向關注的能量導管，看見耗散狀態慢慢停止下來。

6. 對自己說：「我，＿＿＿＿（你的大名或暱稱），在此宣告，我已完成對這段關係的學習，我決定取回所有關注的能量，回歸宇宙的和諧一致。」

7. 深吸氣、深吐氣五輪，每次吸氣都能感覺自己的能量越來越飽滿，到你感覺舒服、平靜、放鬆後，即成功完成這次練習。

如果仍感覺到殘留的負向關注也沒關係，重複多做幾回，或下次被挑起感受的時候立刻操作，一次進步一點點，反而是對能量最友善的作法，記得對自己保持耐心呦！

2-3 清理能量淤積——該如何好好哭？

你上一次哭泣是什麼時候？對哭泣這件事感覺如何呢？

在諮商室中，哭泣的確是很常見的現象，但每個人展現的方式卻大不相同，有些人絞著雙手、咬緊牙根，深怕淚珠落下；有些人雖然眼泛淚光，但嘴巴竟然在笑，臉部肌肉互相打架；有些人一哭就會立刻說「不好意思」、「對不起」，忙著擦淚與重整儀態……這些樣貌，都在說明著我們從小接收到何等的壓抑。然而，你怎麼看待哭泣的自己，卻是決定內在能量上升抑或下沉的關鍵因子。

或許你會覺得有點荒謬，竟然動用一篇章節來談論哭泣，我在談失眠議題時也有類似的荒謬感；哭泣、睡覺明明是我們出生即具備的能力，長大後卻得再重新學習一次，這表示我們不知下載了多少不相容的軟體、收下了多少有害的信念，讓情緒淤積物阻礙了能量流的途徑，情緒沒有不見，反而四處亂竄、泛濫成災，進而再也不認識自己的原廠設定。

所以，特別想和你一起，破除世人對於哭泣的限制與汙名，恢復我們人類清理阻塞、療癒創傷的最佳方式。本節的第一部分，會先爲你科普哭泣相關知識，幫助理性至上的大腦了解哭泣的重要性，釐清大眾對哭的錯誤見解，畢竟情緒的釋放與表達也需要大腦共同協作，心腦和諧一致時能量最爲強大；第二部分，將分享哭的準備事項，包含空間、時間和心態上的準備；最後第三部分，會提供各位實作技巧，眞正在日常中實踐健康的哭泣，高效釋放多年淤積，你將有機會體驗到認知枷鎖被解開、靈魂得以自由呼吸的感覺，這就是哭泣的力量。

哭泣的科學

你曾好奇過嗎？爲何在地球上將近一千萬種生物裡，只有人類會哭泣？如果哭泣是脆弱的象徵，又爲何能演化至今呢？透過以下四道命題，讓我們一起來探索。

1 為什麼人會哭？

無論生理或心理層面，哭泣的基本功能就是清理、排除不適合我們的東西，例如，你眼睛進沙，你切了洋蔥，抑或你強烈的情緒與壓力，都會使人流淚，但情緒性淚水與生理性淚水（如吃了哇沙米飆淚）的成分不同，美國明尼蘇達州聖保羅拉姆齊醫學中心（St. Paul Ramsey Medical Center）研究發現，情緒性流淚會排出激素、腎上腺素、皮質醇等，減少體內錳元素（manganese，一種影響情緒的礦物質）含量，幫助舒緩壓力。

我觀察自己哭的時候，全身肌肉收縮、心跳加速，微微抽蓄、流汗，吸進更多氧氣，有促進新陳代謝和更新能量場的功能，甚至流淚會刺激大腦分泌腦內啡，具止痛的效果，所以哭完通常會覺得比較放鬆、想睡覺，隔天醒來也有換然一新的感覺。

除了對個人的幫助，眼淚竟然還有促進人際關係的功效，看到他人哭泣時我們的「鏡像神經元」（Mirror neuron）會跟著同步，產生同理心，啟動「利他」本能，故嬰兒即便不會說話，仍能透過哭泣取得外界的幫助與回應；許多人擔心哭會破壞關係，但試著想想，當我們關心一位落淚的朋友，他卻趕緊擦掉眼淚，笑著回應：「我真的沒事，謝謝你的關心喔！」你感覺和他更靠近還是更疏遠了呢？所以，若有足夠的信任，就讓對方陪伴我們的眼淚吧，這可是人類促進感情連結的重要形式呢！

2 哭太多會失明嗎？

不會，雖然眼睛有點酸澀，視力也變得模糊，但那只是暫時的肌肉角膜疲乏，充分休息、飲水就能恢復；但如果你不斷擦拭眼睛、揉眼睛、壓制眼睛，的確有可能傷害眼睛組織，請放鬆地讓淚水自然流淌，就當作是對眼部肌群的日常鍛煉吧。

3 男人真的比女人不容易哭嗎？

生物化學家威廉・弗雷（William H. Frey）在一九八〇年代進行的一份統計指出，男性平均一個月哭泣1.3次，女性則是5.3次，他認爲男性的睪固酮素會抑制哭泣；但請各位回想一下，有任何一個男寶寶出生的時候，會告訴你：「我是男生，我不會哭」嗎？無論什麼性別，誕生時第一件事就是哭，但爲什麼成年後男女哭泣次數卻有巨大的差異，那就是男性哭泣這件事並非生理限制，更多的是被社會集體壓抑的，父母會對兒子說：「你是男生欸，不許哭」，一些太太也不允許先生表露情緒，我們無意識地對哭泣的男性有比較低的評價，這讓男性如何能不壓抑呢？

所以，我此生有個強烈的使命，就是當個「哭泣推廣大使」，親愛的地球家人們，一起恢復我們的原廠設定，盡情地哭吧！

4 為什麼哭完心情反而更糟？

如果你哭完心情卻更糟，請先溫柔地問問自己：「我是如何看待哭泣這件事？」你有沒有因爲哭泣而責備、否定、貶低、質疑自己，甚至認定別人一定很討厭這樣的自己呢？

許多夥伴哭的時候會對自己說：「我怎麼還沒好起來？」「我怎麼還在爲同樣的人事物難過？」「哭什麼哭，我眞是太沒用了！」讓我們觀察處於原廠設定狀態的嬰兒，他哭泣的時候，就是放飛自我地哭，可能是一種表達，也可能是一種發洩，無論如何，表達完、發洩完，他就放下了，嬰兒不會執著於前一刻的哭泣有多丟臉或多沒用，他直接放鬆、平靜或開心，邁向下一個狀態。這就是我們要學習的「單純地哭」，不評價哭泣的自己，哭泣是中性的行爲，端看我們怎麼運用。

當然，有些人的眼淚不是情緒表達，而是用來勒索他人的工具，試圖引發別人罪惡感，來控制對方，那種眼淚並不會有宣洩或排毒的效果，反而會爲自己的人際關係埋下未爆彈；通常我遇見這樣的眼淚時，會發現自己的同理心不會被啓動，不會鼻酸共感，這也是判斷對方是眞的需要幫助，或正在侵門踏戶地踩界線的方法。

好好哭泣的準備事項

1 在哪裡哭比較好？

我最推薦的就是自己的房間，但前提是隔音效果夠好、外面不會有人聽見及打擾，若房間沒有足夠安全性的夥伴，我也鑽推薦河堤、公園等戶外空間，職場裡眞的忍不住了，到廁所或會議室裡哭一下也是個好方法。

剛好現在戴口罩是種日常，即使在捷運、公車上流淚也能更自在地流淚；爆自己一料，我曾在捷運上哭到有人遞衛生紙給我，深深感受到人間的溫暖，但我理解一開始練習的夥伴，多少會在意他人眼光，可以從單獨一人的空間開始沒問題，不過，也試著同理用異樣眼光看待哭泣的人，正是因爲他比你更壓抑自己，所以不習慣看到別人釋放自己，然而，每個人的靈魂都渴望自由，所以或許你正在爲他作出最佳示範，你是宇宙向他遞出的揚升邀請函。

2 哭泣的長度與時間

其實哭泣的時間沒有太多限制，僅需要我們對身心狀態的悉心覺察，留意腦袋是否因爲認定哭泣不好而過度抑制，哭累了，你的身體也會知道，就讓它慢慢停下來，一切順其自然；但最好能留給自己一小時的時間，哭完後可以自由書寫一下，進行一次完整的抒發。

不過大多時候想哭的感覺說來就來，所以總體而言，能自在地哭是最棒的了！但如果你正在上班、上學，或身邊有其他人讓你無法放心地哭，請記得向內承諾，睡前要回來面對這個感受，好好哭一下，千萬不要到了晚上覺得已經沒什麼了就跳過這個步驟喔，情緒是不會自己消失的。

3 心態建立

這部分屬於日常鍛鍊，在你自己想哭，或看到別人哭時，都請向內觀察你對哭泣的看法及反應，有些人理智上知道哭很正常，但看到別人哭時卻不自覺皺起眉頭或想要逃走，這裡頭都有更深的信念值得你探索；如果大腦仍對哭泣存有一些負面解讀、哭完又能怎樣等想法，可以透過以下句子來回應內在：

「哭泣並不軟弱，反而代表我有好好面對自己的勇氣。」

「眼淚出現一定有要告訴我的訊息，我得讓它流出來才聽得見。」

「我可以因爲任何情境想哭，情緒沒有對錯。」

「或許過去沒人這樣告訴我，但從現在開始我允許自己好好哭。」

「哭的目的不在解決問題，而是在清理、壯大我的能量，這才是一切順暢的根源。」

深層能量清理法實作技巧

老實說，哭泣還眞沒什麼具體的技巧，從沒人教過嬰兒怎麼哭，他就只是在展現最眞實的自己而已，但我明白，對大部分夥伴而言，因爲種種制約、壓抑，我們對眞實的自己好陌生，所以在恢復原廠設定的路上，我很榮幸能爲你提供一些心得，讓你更順暢地使用這項本能，加速能量清理，治癒埋藏深處的創傷情緒。

1 留意催淚的關鍵

哪些關鍵要素（包含畫面、聲音、語句、情境、人物等）會讓你有想哭的衝動？這裡頭絕對裝載著需要被清理、療癒的生命主題。

例如，我的關鍵要素，就是爺爺，過去的我只要一想到他立刻就能哭出來；小時候爸媽因爲工作繁忙，爺爺成了我的主要照顧者，度過一段情感連結非常深厚的歲月，然而，爺爺在我十五歲那年過世，當時我人在國外，無法見上最後一面，所以一想到他，就會激發我深深被愛、深深遺憾、深深想念等複雜感受，我在學習諮商的前期花了非常多時間療癒這塊經歷，即便至今憶起爺爺時我仍會流淚，但可以感覺到淚水成分出現變化，代表內在狀態也已有所不同。

邀請你花些時間回顧自己的生命，以及周遭的各種訊息，只要略能引起情緒波動就先將之記錄下來；情緒來得比想法快很多，所以哭的時候無法馬上理解自己也是正常現象，哭就對了，大腦它會慢慢跟上。

2 借力使力

對於非常難哭出來的朋友，或許是因爲觸碰自己的議題太過不適，我們大腦會自動屏蔽掉感受，讓你以爲你沒感覺，是個冷血麻木的人，甚至對過去的記憶很模糊，以爲自己忘記了，其實反而是情緒太強烈了才會忘記，不過也無須逼迫自己，先借助跟你無關的外力來疏通淚腺就可以了。

選擇動人的電影、音樂或書籍等，先體驗哭的感覺，如果遇到有點想哭了卻很抗拒的感受，歡迎使用前面建立心態的五個句子對自己潛意識喊話。

3 不要馬上擦眼淚

不是不能擦眼淚，而是許多夥伴擦眼淚的狀態，都在訴說著內在對自己的否定，或是一種不想被看見的羞愧，甚至好多人都不願讓眼淚奪眶而出，不讓眼淚滴下來，還在眼眶裡就要擦掉，這些都是我們不夠接納自己的象徵。

所以我想推薦大家試試看，哭的時候不要一流下淚就擦，去全然感受眼淚流下的軌跡，體會眼淚在臉上的溫度，那是一股天然的撫慰感，在告訴著你：「你擁有無窮無盡的能量疼愛自己，而且你已經在積極地實行，你眞的很勇敢。」

4 哭出聲音吧！

聲音會帶動全身心靈的振動，就像是來一場體內按摩，我自己的感覺是，哭的時候發出聲音會幫助我排出更多的情緒淤塞，這是哭泣的老行家才會知道的法門呦（咦？但嬰兒似乎早就知道了呢）（笑）。

吟唱和念誦，對某些夥伴而言也有激發眼淚的功效，所以不容易哭泣的人，也可以先試著發出聲音，例如梵文中的「嗡」（Om），它能引發相當有力量的內在振動，代謝出深層的情緒負累。

5 抱住自己哭

抱住膝蓋，將頭埋在其中；或環抱肩膀，輕觸自己的臉；或抱著枕頭、棉被、玩偶等軟綿綿的物品哭，擁抱是我們獲得撫慰的行爲之一，當你抱著自己的時候，你的潛意識會感受到你正在疼愛自己、關注自己，行動永遠大於言語，這將大幅提升清理、修復能量的功能。

6 自由書寫

哭完後如果還有體力，以及有想表達的動力，可以運用「自由書寫」道出此刻的感受與想法，自由書寫顧名思義就是沒有任何限制地寫，讓腦袋的聲音自動產出，忽略標點符號、文法與邏輯，就是寫（或打字），如果不知怎麼開始，在此提供幾個常用的開頭：「我現在感覺到……」「我現在正在想……」「剛剛我哭了，因爲……」由此開始放飛你的思緒，直到腦袋聲音停了、說完了爲止。

不過，我也會安排一些規則，像是在最後加上一段給自己的鼓勵，我通常是這樣寫的：「蘇予昕，謝謝你願意做這份練習，你已經非常努力了，生命能走到這裡眞不是一件容易的事，我愛你，我會一直陪你，你做得很好，你的身心靈都可以好好休息了。」

7 享受這個體驗

「什麼！竟然要我享受哭泣？不就是因爲悲傷痛苦才哭的嗎？」或許你覺得非常矛盾，但人生大多時候，比起傻傻地快樂，「痛並快樂著」這種複雜的體驗，更能突顯出意義及價值感，會帶來一種深度的感動；其實，壓力和各種情緒都無法直接傷害到你，反倒是你如何看待它，才會眞的造成影響，所以，如果哭泣對你而言可以是一種「享受」，是你在匆忙的人生中暫停下來、照顧自己的奢侈時光，那哭泣就會發揮它最高的功效，爲你的能量服務！

2-4 心理有界線，能量零極限

界線既然是條線，它就會劃分出兩個空間，自己的與別人的；也會形成兩種踩線狀態，一種，是我們跨出了界線，試圖想改變他人，另一種，就是他人跨進了界線，試圖想改變我們，這正是爲何心理學家阿德勒會說：「所有困擾皆來自人際關係」，因爲沒有人喜歡被操控，我們都有掌握自己主導權的需求。

因此，阿德勒的個體心理學派提出了一個知名理論「課題分離」，這絕對不是要大家對彼此袖手旁觀、自掃門前雪，更不是要你斷絕關係或屏蔽掉外界看法，反而我們都得先將彼此的「課題」責任劃分好，沒有誰的負擔太過沉重，才可能擁有最親密的關係，所以，**心理界線的重點不在「分離」，而在如何建立更舒服的「連結」**。

「課題」的意思，即是此生屬於我們自己的功課，後果僅能由個人負責與承擔的部分；然而，越親近的人越容易告訴你「你的課題與我有關」，就像許多父母以爲，孩子的功課、事業、婚姻、子嗣，都反應了我這個爸媽當得好不好，這就是父母沒有爲自己負責「成就感」的課題，轉而要求孩子幫自己完成作業。

另外，也有一群夥伴，會感覺身邊的人都只能仰賴自己，想像（或現實看起來也是如此）沒有我介入大家就會一團亂，所以習慣把他人的事情全攬在身上，他們並不一定能坦承自己正在控制別人，甚至會認爲自己是迫於無奈、一點都不情願、賠上整個人生的狀態。

你是家裡的那個「高功能小孩」嗎？

最近，我的諮商室中出現了好多「高功能小孩」。

他們通常是家裡最負責任的那一個，讀書無須父母擔心、分內事皆處理妥當、還要照顧兄弟姐妹，甚至成年後會變成父母的父母，負責經濟開銷及長輩的身體與情緒；但他們卻時常感到孤獨與不平，爲什麼爸媽比較疼愛那個廢物弟弟？爲什麼妹妹想出國就讓他去？憑什麼哥哥姊姊都不用幫忙，還在一旁挑毛病？最後連爸爸媽媽都怪我太計較，幫自己家人做點事還不情不願……

他們有時候會說出不滿，看似在表達自己、建立界線，但幾乎沒什麼用，身邊的人依然故我，高功能小孩們無論活到幾歲，都仍是處於一邊氣憤家人的無能，一邊爲大家忙得團團轉，活成一顆陀螺。

我經常詢問高功能小孩：「你這樣幫忙大家多久了？」答案幾乎是：「一輩子」，形成慣性的反射動作；我接著問：「你這樣爲他們著想，他們眞的有變好嗎？」此時，高功能小孩都會沉默下來，因爲身邊的人從來沒有改變。當我們永遠幫忙，對方也習慣永遠被幫忙，無法長出自己的力量，直到某天你無力再幫時，他也體會不到你的辛苦，只會怪你怎麼這次不幫了。

親愛的高功能小孩們，別讓有能力變成一種詛咒，你可以在能量層面更有效地運用這份天賦，接下來，爲你介紹一個看似簡單到不行，卻超級有力量的祝福練習，幫助你在疲憊、擔憂及充滿罪惡感的關係中，減輕焦慮與不安，爲所有人做出最好的選擇——那就是先照顧你自己。

祝福練習——是你所能給出最強大的關懷與幫助

祝福，是一種極爲強大的能量提升技巧，從古至今、無論東西皆普遍存在，例如宗教中的受洗、灌頂、加持，日常生活中的畢業典禮、結婚典禮等等，每個文化都發展出五花八門的儀式傳遞祝福能量。

然而祝福的本質其實非常簡單，就是專注地給予對方正向關注，即便你正處於低潮狀態也能夠做到，因爲祝福並非來自一個人小我的能量，而是連接上宇宙無窮無盡的豐沛資源；你應該可以想像，當我們給出祝福，所有你關注的對象，包含你自己，都會同時沐浴在這股能量流中，這比我們耗盡力氣爲對方做任何事，都來的有效果。

適用對象

1. 高功能小孩。
2. 經常替他人擔心操煩的夥伴。
3. 爲別人過度負責、服務的夥伴。
4. 對他人情緒敏感，經常妥協與配合的夥伴。

使用時機

覺察到大腦忍不住要去爲對方做什麼，但內心其實冒出不開心、不平衡、委屈等這類「心腦不一致」的情境時，表示內在能量正在互相衝突、消耗，歡迎立即運用此練習。

操作步驟

步驟一：一隻手放在前額，另一隻手放在心口，連結心與腦。

步驟二：深呼吸，想像你的能量從飛散到外面的各種擔心焦慮，慢慢回到身心的中央，感覺你的能量越來越集中時，雙手可以輕輕的放鬆下來，放在雙腿上。

步驟三：念出以下的句子，可以全部照念，也可以挑一兩句貼近你此刻感受的念。

· 我看見我的擔心，及想做些什麼的慣性，但我決定相信這是他靈魂想要的體驗，我所能提供最強大的協助，就是滿滿地祝福。

· 我相信不馬上爲他解決，他才有可能從中成長茁壯，完成他此生的課題，我給予深深地祝福。

· 現在他的不舒適、不開心很正常，他正在經歷靈魂的成長痛，生命正在邀請他認識自己，我只需要信任生命，深深地祝福他。

・我過去已經嘗試幫過無數次，我已經盡力了，這次我決定相信，不幫也是一種幫，我給予深深地祝福。

・我了解現在的焦慮感受是源自過去一生的制約，那些讓我以爲不得不去爲他人著想的經歷；但如今我已理解，以能量層面而論，如果我不飽滿，身邊沒有人會是飽滿的，眞正能夠幫助大家的方式，唯有從照顧自己開始，我深深地祝福自己、祝福著他。

・我相信，照顧了自己，等於照顧了全世界，這是能量的基本運作法則，我深深地祝福每個人都能照顧自己。

步驟四：念完後再次把一隻手放在額頭，另一隻手放在心口，做五次深深地呼吸，感受心與腦的能量流有沒有趨近一致，若你感覺身心比較輕鬆，強迫性的行為消停了，關注可以先放到自己身上，做些自己的事，皆代表能量回歸和諧一致，恭喜你成功了！

未來只要一感覺自己又想幫忙他人，但內在感受不平衡時就立刻操作，久而久之你的能量將會習慣不再向外奔波，永遠以飽滿內在爲優先，此時，身邊的人反而會有很不一樣的轉變，因爲，**人際關係如同一顆顆相伴相依的齒輪，無論再小顆的齒輪，只要微微調動方向，其他齒輪都會慢慢跟著轉向。**

人際關係都是互動出來的，你的不一樣才會帶動他的不一樣，這是運用能量眞正從根本意義上「幫助」他人的方式，看起來沒在幫、不介入，卻進行了最澈底的轉化。

四大法則打造你的心理圍欄

或許，你早已發現「最愛的人傷我們最深」，因爲渴望親密而忘記或不敢建立圍欄，讓彼此都傷痕累累，但圍欄並非永不開放的銅牆鐵壁，而是爲了以更豐沛的能量狀態連結所進行的設置，當我們擁有圍欄打開／關閉的主權，才能對於來到我家門前的人事物感到安全；就像明明知道爸爸的意見蠻有道理，卻因爲他長期以來對我的批評而完全不想收下，或是明明感受到自己還愛著伴侶，卻因長期的衝突而完全放棄與他對話，這都是圍欄失功能的顯現。

不過，建立圍欄會經歷一段不舒服的過程，尤其相處模式越是僵化的關係，越需要長期、多次、重複的打造，但人類其實是頗有適應力的動物，當彼此都習慣了新的圍欄，就會很快感受到能量場的轉變，這一章節將透過簡單明瞭的四個法則，幫助我們在日常生活中建造與運用心理圍欄。

法則一：無論任何話語或建議，都先使用「放在門外」功能

有些夥伴將圍欄誤解成「只要我不喜歡，就一概不理」，這容易讓我們變得故步自封、過度防衛；另一群夥伴則認爲，無論如何都得虛心接收他人建議才會成長，殊不知，感受不舒服時逼自己收下別人的意見，是非常耗損能量的，這讓人陷入兩難困境，好像怎麼做都不對。

有點過外送的夥伴，應該知曉應用程式上提供一個「放在門外」的功能，減少

我們在疫情嚴峻時與他人接觸、感染的機會，又能夠在準備好的時候拿取所需的餐點，因此，建立心理界線的首要步驟，就是全然尊重自己的感受，讓他人的話語、建議、評價都先放在門外。

作法很簡單，當我們在聆聽他人說話時，想像你跟他之間有一道圍欄，他的話語像是一件件包裹，放在你的心門之外，我們可以對自己這樣說：「**他的看法是他的，來自他的眼界、他的修爲、他的課題，與我無關。**」

法則二：分化彼此的課題，釐清彼此的需求

使用「課題分離」概念，釐清哪些是對方的課題？哪些則是我自己的課題？舉例，過年時避之唯恐不及的親戚大哉問，姨婆問我怎麼還沒結婚？姑丈問我今年賺多少錢？三伯認爲我應該跟他兒子一樣出國發展……當外界的看法與見解試圖進入我們的圍欄，我們得先釐清彼此的課題，我結婚與否是姨婆能負責的嗎？我今年賺多少錢是姑丈的責任嗎？若我出國發展不順三伯會全程幫忙嗎？如果不會，

那他們就不是在討論我的課題，而更有可能是把自己的課題丟到我身上。

或許姨婆的婚姻很辛苦，但如果年輕人都不結婚，搞得好像我們老人家很蠢，都在婚姻中忍耐，所以姨婆得宣揚婚姻的好，念念你們這些不結婚的人，心理才能舒坦；或許姑丈退休的生活很枯燥，只能懷念自己年輕的時候對賺錢很在行，藉此在心中回味當時的美好，逃避當前的苦澀；或許三伯的內心很孤單，孩子離家十萬里，也鮮少打電話回來，所以他需要告訴你讓孩子出國是對的決定，就不用面對心理的寂寞。

如果沒有將彼此課題好好分化，就容易陷入自我懷疑，這個步驟，你可以簡單地問問自己：「**他的這番話，是他的需求，還是我的需求？**」是因爲你請教對方所獲得的答覆，還是他爲了滿足自己的比較心、優越感而說的呢？請相信你的直覺判斷，它一定清楚明白。

法則三：決定哪些收下，哪些還給對方

當我們感覺身心較爲平衡舒坦，課題也有清晰的分界時，就可以前往圍欄外看看他人的意見，哪些值得收下，哪些並不適合我們。

值得收下的意見通常帶有幾個前提，一、對方已認眞聆聽我們的感受及想法，才給出這些回應；二、對方和我們認識夠深，足夠了解我們；三、你認爲對方有能力接受不同的看法，可以站在對方角度思考及感受。但即使三項都符合，我們依然要與內在核對，我是否需要這個訊息，如果感覺很受傷，請安靜地覺察一下，自己是因爲想逃避所以不接受，還是眞的不適合自己，如果答案是想逃避也沒問題，我自己經常需要一段時間才能消化某個看法，但我們得先向內坦承，現在收下太痛了，容我逃避一下，繼續放在門口，等待內在能量越來越飽滿，心理狀態越來越強大，我們自然而然能接收更多有益的看法。

若確定是不需要的訊息，只要在內心對對方說：「這我不需要，還給你。」想像對方拿著那個包裹離開你的視線，就完成了。

在與人互動、交流的過程，肯定有被攻擊、否定、指責的經驗，如果情緒出現波動，甚至不斷反芻式地回想，他爲何要這樣說我？我是不是眞的那麼不好？等等，表示內心的圍欄受到衝擊，能量開始洩漏，前三個步驟依序操作完畢後，便可以開始著手修補破損的圍欄。

雙臂在身體前方圍成一個圈，兩個手掌交疊，掌心對應在胸口，像是爲自己撐出一個空間感，做三輪深呼吸，並從吐氣開始做起。

第一次吐氣時，想像代謝掉老化的細胞，讓新的細胞重生；深吸氣時，想像身體裡的每一個細胞的細胞壁都越來越堅固，飽滿又健康。

第二次吐氣時，想像拔除掉舊的、被腐蝕或遭破壞的圍欄；深吸氣時，想像嶄新又扎實的圍欄一片片建造於內在家園的邊界上，安全又穩固。

第三次吐氣時，想像能量流正在排除讓你不舒服的感受與想法；深吸氣時，想像圍繞著你的蛋形能量場結界越來越堅固，散發出耀眼的光芒。

第三章

轉化與運用能量

3-0 信念能量如何創造你的命運？

讓我們假設一個情境。某天，你在大街上走著，突然出現一位流浪漢對你咒罵了一句髒話，你的反應會是什麼？

小華覺得自己很衰，一早就遇到瘋子；小明非常生氣地罵回去，憑什麼被路人羞辱；小美委屈地哭了，怎麼連個陌生人都不尊重自己；小紅相當心疼街友，試圖想給他錢或幫助；小薇嚇一大跳地逃跑，生怕他更進一步地攻擊。

同樣的情境，爲何有著如此個人化的差異？或許，造成反應的源頭，並不是那位流浪漢，而是我們相信著什麼。這份相信，又會像滾雪球般越滾越大，影響我們接下來的人生。

小華相信自己是個運氣不好的人，流浪漢事件讓他心想：「看吧，我就衰，根本倒霉事磁鐵。」因此，去上班的時候看誰都不順眼，接受老闆指派的任務時小聲嘀咕：「蛤～為什麼又是我？」老闆聽見後將其訓斥一頓，還把更多沒人想做的雜務交辦給他。

小明相信這世界是充滿敵意的，因為他成長於充斥否定、辱罵的家庭，得時時挺身捍衛自己，所以他和流浪漢互槓了起來，還被警察請去做筆錄，拖了一會兒才返家，滿桌的飯菜早已冷卻，妻子埋怨小明不知去哪鬼混，結果小明又和妻子吵了三個小時的架。

小美相信自己是個不值得被愛的人，經常忍受別人不合理的對待、壓抑自己的需求，遇到流浪漢的咒罵只能咬緊牙關、縮起身子離開。接著，收到心儀之人約看電影的訊息時，小美拒絕了，心裡想著：「有什麼意義呢？最後還不是會被拋棄，沒人會真心對我好……」

小紅相信助人為快樂之本，容易把別人的問題扛在肩上，她把身上的錢給了流浪漢，買了午餐請他吃。回到家後，小紅的父親質問，午餐怎麼還沒準備？小紅說剛剛因為幫助了一位街友，所以來不及。父親生氣地責罵，家人難道比一個流浪漢還不重要嗎？小紅只好急忙幫父親、弟弟妹妹張羅午餐，卻忘了自己一整天都還沒吃飯。

小薇相信世界上處處是危險，小時候曾有過被綁架的經驗，過程非常驚恐，造成她身心很大的創傷，一直活得戰戰兢兢，平日很少出門，好不容易今天出一趟門，又遇上這樣的事件，讓小薇決定這輩子都再也不要出門了。

每個信念都來自過去經驗的殘影，沒有絕對的對與錯，但問題在於，如果某個信念過於僵固，將限縮了其它可能性的出現，讓你的日子演成重複的劇碼。尤其**那些深埋於潛意識的信念所形成的自動化模式，決定了你95%的行動反應，我們無意識地重複一樣的行動、獲得一樣的現象，然後你稱之為「命運」**。

除非，我們有意識地將這些信念從地下室取出，撢撢灰塵，在陽光底下晒一晒，覺察它是怎麼被植入的，宣洩它所引發的感受，就能活出你的原廠設定。上一本書出版後，遇到許多讀者詢問：「我的原廠設定是什麼？」「我早已不認識自己的原廠設定了。」其實，**你的原廠設定就是所有信念尚未黏著、固化之前，沒有**

框架、充滿無限可能的你。我很喜歡看著孩子的眼睛，那個對一切都沒有成見的狀態，只有純粹的好奇，相當能提醒我回到原廠設定的自己，將信念系統恢復成一張尚未被書寫的白紙。

當信念有無限可能、任君選擇，你就成爲了命運的主宰。

3-1 困境與痛苦都不是衝著你來，是爲了你而來的

二戰時期，有位被抓進納粹集中營囚禁、虐待的猶太人，看著深愛的父母、兄弟、妻子一一消失在毒氣室，日日處於驚恐與悲痛中，質疑生命究竟有何意義？老天爲何要這樣對我？但這段經歷讓他逐漸發現，**即便每個人的身體、基因、家庭背景、遭遇都有其限制，我們卻依然擁有對各種情境選擇不同看法的自由，這種心靈層面的自由永遠不會被剝奪**。這個人後來成爲了著名的存在主義大師──維克多．弗蘭克（Viktor Frankl），立志爲身處低潮絕望中的人們進行意義治療（Logotherapy），活到了九十二歲。

因此，無論現在的你正遭逢什麼樣的困境，甚至身陷囹圄，你都可以自由地運

用心理能量，啓動顯化機制（Manifesting），創造你想要的命運。啓動的方式超級簡單，說白了就是「轉化你的看法」，這不是鴕鳥般否認現實，也不是盲目正向思考，反倒得如其所是地接納現狀、探索過往，再運用新的信念提升能量，顯化出新的現實。

無論你相不相信這套顯化機制，它都在周而復始，從不間斷地運行著，**宇宙不會判斷好壞對錯，祂僅根據你的信念傳遞出的能量，回覆相應頻率的現實給你。**此刻，邀請你放下書本，上下左右地瞧一瞧，現在發生在你周圍的人事物境，你所失去及擁有的，皆爲過去信念的顯現。**困境與痛苦都不是衝著你來，是爲了你而來的。**目的是邀請我們向內檢視，現在是我想要的狀態嗎？如果想要，歡迎繼續保持，如果發現已經不想要了，每一刻，皆是轉化與提升的契機。

說到這兒，可能有很多夥伴感到沮喪和氣餒：「我知道要轉念啊！但沒辦法，我就是會那樣想，我控制不了我的想法……」我非常能體會，請先深深地呼吸，放鬆肩頸的緊繃，你現在難以控制的想法，僅是因爲長時間的重複制約所形成，與信念有關的神經元不斷地在大腦中建造道路，每出現一次某想法，神經元就像往上蓋一塊磚，日積月累下來，那個想法在腦袋裡如同一條高速公路，觸發速度極快，並且像是眞理一般堅不可摧，才會使你以爲無法控制。

幸好，現在的腦科學研究已經證實神經具有強大的可塑性（Neuroplasticity），透過重複的思想、感受及行動，就能進行迴路增強，就像爲自己打造一條嶄新的、通往你眞正渴望方向的康莊大道。另一方面，大腦也會進行突觸修剪（synaptic pruning），意思就是，當舊的路徑越來越少走，大腦就會自動代謝掉不適用的神經元迴路，以節省能量。

親愛的地球家人們，若你已厭倦懵懂徬徨地活著，不願再任由外在決定自己的命運，接下來的內容將有可能澈底改變你的一生，因爲它已改變了我，及無數個來到我面前的夥伴。我將一步步陪伴你回顧此生信念的形塑歷程，運用信念系統，拿回命運的遙控器，輕鬆選擇你眞正想觀看的人生頻道。

「信念」vs.「限制性信念」

首先，爲各位釐清一下「信念」與「限制性信念」之間的差別。**「信念」是我們個人主觀認爲這世界的使用手冊，讓一切有跡可循，幫助人類更高效地活著**。例如，你相信白天太陽會升起，晚上太陽會落下，所以你可能會選擇天亮出門、天黑回家，這樣就不需要每天重複考慮，到底何時要出門、何時該回家，形成一種省力的自動化模式。

而**「限制性信念」，則是我們的信念有了框架，以爲框框裡皆是要遵循的眞理，框框外就都是錯的**。例如，大多數人認爲，白天比較安全、晚上比較危險，但這是絕對的眞理嗎？曾有位消防員告訴我，火災的高峰時刻是下午三點，交通事故也大多發生在白天，因爲白天反而讓民眾鬆懈了防備。

那晚上比較危險的信念，是從哪裡來的？可能來自父母耳提面命地告誡，可能來自新聞對夜間意外的渲染。不過，你應該能夠想像，有一群人晚上更有靈感，一堆生物夜間更有活力，所以，你當然可以選擇晚上不出門，但如果你認定晚上絕對不可以出門，這就是被信念限制住了，甚至一到晚上你就容易緊張、焦慮，過度擔心還沒到家的親人。

再舉個例子，姐妹聚會時最常聊到的話題「男人都會劈腿」，好像這是個不爭的事實，但眞的是這樣嗎？或許有人告訴你：「眞的啊，我的每一任男友都劈腿。」好，即便如此，她認識全世界三十五億男性嗎？或她這輩子認識的所有男性都劈腿嗎？我們要非常小心這類以偏概全的想法。因爲當我們相信，我們就會創造這樣的現實，這不是什麼玄妙的迷信，而是大腦注意力的科學。

當妳越是相信男人一定會劈腿，越容易關注名人或身邊友人的劈腿事件，上網搜尋了一則新聞後，大數據會推播給妳一百則，然後妳說：「看吧！男人都會劈腿。」讓這個信念越紮越深。接著，當妳與男友交往時，便容易把他的言行判讀成變心、不忠的前兆，妳會跟他爭論，手機爲什麼不給看？心裡沒鬼的話幹嘛不給密碼？雙方的感情因此留下了裂痕，最後，假使他眞的劈腿了，妳會繼續向自己證明：「看吧！男人沒一個好東西，終究會劈腿。」這齣劇碼將沒完沒了地重播，直到妳願意覺醒，並非男人都會劈腿，而是我們的信念讓我們不斷注意到劈腿的男人及相關現象，其他不相符的現象都被妳忽略了。

如同本章開端的流浪漢情境，感受雖然看似受流浪漢引發，但眞正決定後續發展的是看待此事的信念，有這些信念不代表我們很糟，請放下自責與檢討的心，只需從這一刻起，清晰、坦承地去發現，自己有某種看待人事物的傾向，不再一味地責怪或埋怨他人，你就已經邁出至關重要的第一步。有句話是這樣說的：「**信念創造實相**。」你以爲是現實讓你不得不向命運低頭，但你不知道的是，你的信念才是創造命運的大師，如果你能隨時意識到自己的信念正在怎麼影響你，你就可以做出不同的解讀和行動，那生命的劇碼當然就能有所不同！

讓你不順心的，真的是眼前的他嗎？

向你介紹一個心理學概念——「情緒ABC理論」（ABC Theory of Emotion），將更清楚地描述信念系統的影響力。這是由心理學家亞伯·艾里斯（Albert Ellis）發展出的一套心理治療方法。A是指Affair「事件」，B是Belief「信念」，C是Consequence，直接翻譯是「後果」的意思，但「後果」可以將其想成被引發的「情緒」，會更容易了解。

艾里斯發現，大部分的人以爲的因果關係，是眼前的人、事、物、境讓我產生這股情緒（A→C，事件直接引發感受）。例如：

◎因爲我先生都不愛回訊息→才讓我沒有安全感

◎因爲老闆的要求都很無理→才讓我覺得上班很累

◎因爲小孩都不認眞讀書→才讓我變成緊迫盯人的老媽子

然而，在事件發生到讓我們心情不好這個後果之間，有一個關鍵的作用力，就是我們的內在信念（A→B→C，事件因爲我的解讀才引發感受），我怎麼判斷對方、怎麼評估這個世界，影響著事件對我產生的後果。

明白內在運作公式之後，我們沿續上面三個例子，將因果關係調整如下：

◎我先生都不愛回訊息（事件）→因爲我相信男人都不可靠（信念）→才

讓我沒有安全感（感受）

◎老闆的要求都很無理（事件）→因爲我相信表達意見沒用（信念）→才讓我覺得上班很累（感受）

◎小孩都不認眞讀書（事件）→因爲我相信小孩成績差代表媽媽無能（信念）→才讓我變成緊迫盯人的老媽子（感受）

眞正引發感受的，是我們的信念，一旦信念有了轉化的空間，就能立刻改變感受、改變行動。所以，我想大膽地說，**讓你感到討厭、生氣、不順心的人事物，統統都是來幫你轉化限制性信念的貴人和禮物**。這絕非要求你原諒對方或知足感恩，僅是藉此機會把注意力放回自己隨之跑出來的信念，著手轉化它，讓自己的能量提升。如果因爲情緒強烈，還不想視之爲「貴人」、「禮物」，我完全理解，那麼你可以試著將他看成你人生中的「工具人」及「工具」，雖然有點狠，但這個說法蠻能幫助我在遇到討厭的人事物時，有效地舒緩內在。

下一節，我們就來看看這些工具人/工具爲我們帶出的是哪些限制性信念吧！

3-2 自我探索，發現你的限制性信念

還記得第一章邀請你填入的那四句話嗎？

我是一個＿＿＿＿＿＿的人。

人生是＿＿＿＿＿＿的。

賺錢是＿＿＿＿＿＿的。

愛情是＿＿＿＿＿＿的。

看著填入的這些句子，你的感受是什麼呢？我猜某些夥伴會感到挫折與氣餒，

你可能已經發現這些信念卡住自己，卻根深柢固到難以撼動，但我想說的是，無論你的答案是什麼，它都值得被給予深深的感謝，因爲它用某種你喜歡或不喜歡的方式支持著我們走到今天，活了下來。但如果你發現，這些信念只能帶你到達這裡，想繼續突破與前進越發困難，就表示這份信念對你而言已是一種「限制」，不再適合此刻的你。

坤瀚十六歲就投身美容美髮業，從洗頭小弟做起，他認眞、細心又無私地奉獻，遇到疲憊的客人就多按摩十分鐘、過敏的客人就免費換高級的溫和洗髮精，每個顧客都對他讚譽有加，還會主動推薦親友來捧場，因此，坤瀚二十五歲就加盟了連鎖髮廊。成爲經營者後，帶領員工也一點都不馬虎，經常陪伴他們直到深夜，幫忙同仁解決困難跟精進技術，所以分店的生意紅紅火火，沒幾年就衝上了全台灣業績榜的前三名。

三十五歲的此刻，坤瀚已創立了屬於自己的髮廊，成爲眞正的老闆。但他某天開車回家的路上突然感覺心跳加速、呼吸困難、眼前一片黑，以爲自己快要中風或心臟病發，只好立刻停在路邊叫救護車，經過詳細檢查，器官與身體並沒有大礙，推估是壓力過大所致，所以醫生只開了幾顆抗焦慮藥，提醒坤瀚別太緊張，就讓他回家了。

但自此之後，坤瀚的情緒好似防線潰堤般，常常沒來由地大哭，不想去工作。與太太共同經營著公司，也時常因理念不合吵架，兩人的感情降至冰點，勉強靠著照顧孩子維持家的模樣。坤瀚完全不知道自己怎麼了，跟他期待的人生漸行漸遠，思考多時才不情願地踏進諮商室，好像這是他的最後一絲希望。

我聆聽著坤瀚遠大的計畫，他想成爲台灣最大的髮廊企業，但現在才開到第三間就發生這樣的狀況，讓他超級挫敗。我問：「通常你感覺挫敗的時候，腦袋裡的想法會是什麼？」坤瀚思索了一下，說道：「我都在想，我果然不是這塊料。」這句話讓我產生極大的好奇，是什麼讓客觀條件如此成功的坤瀚，內心卻總覺得自己不夠好呢？

原來，坤瀚的父母工作很不穩定，偶爾擺攤、偶爾開店，又偶爾投資朋友生意，雖然沒有眞的餓到或窮到繳不出學費，但印象中父母都在爲生活奔忙，爲錢爭執。印象最深刻的是，他們曾對著坤瀚滿是紅字的成績單說：「哎呀，反正我們就不是這塊料啦！以後能當個上班族就要偷笑了，賺太多錢身體會被搞壞，最後還不是拿去付給醫生。」雖然父母是在安慰考差的坤瀚，卻無意間植入了一連串的限制性信念——「賺錢是困難的，賺太多會賠上健康，而你也不是一塊賺錢的料。」因此，坤瀚無意識地重演了這個信念，在他事業有成之際，身心竟出現警訊，讓他重複了對自己的懷疑。

覺察到這件事，坤瀚驚訝地看著我：「我知道我不斷想證明自己是那塊料。那句話雖然羞辱，但也激勵著我要比父母更強，不必再過著爲錢擔憂的日子。的確，我也達成了一番光景，但不管怎麼做，內心那股『我做不到』的力量卻一直在，太太和我意見不同時，也都在刺激著『我不夠好』的感覺，連來和妳諮商的抗拒，也是源於我不想要付錢給醫生。現在，我終於懂了……」坤瀚汩汩地流下淚水。

許多人以爲，做就對了，行動能解決一切，但如果我們的行動是基於一連串充滿限制的信念，你會感覺怎麼總有絆腳石出現。不過，這顆絆倒你的石頭並不是來害你的，它僅是邀請你停下來的訊號。別像往常一樣太快站起來，也不是就此躺平放棄，請趴著體會一下，大腦跑出哪些信念，甚至允許強烈的情緒宣洩，這就是每天的「不順心」所給予我們「重置」的機會。

雖然植入信念的是外在的人事物境，但允許它越來越黏著、壯大的卻是我們的信念系統。請放心，心靈是唯一不受時間、空間限制的存在，那是你能自由運用能量的地方。接下來，讓我們一起坐上心靈的時光機，穿越時空，回到信念被植入的那刻，藉此扭轉你的未來。

回到信念被植入的那刻——撰寫你的編年史

「請和我說說，你是如何長大的？」這是我在諮商中經常提出的疑問，重點不在故事情節，而是這些經驗串連起來對你的意義是什麼、讓你相信了什麼，就能一窺你的「此生課題」。通常兒時的經驗更具影響力，因爲那時我們如同乾燥的海綿，不加過濾地吸收任何來到眼前的訊息，建立各種基模（Skema，指個體用來認識周圍世界的基本模式）、理解與歸納世界的規則，往後幾乎所有的反應、感受、信念、行動，都是在重複最初接收到的訊息，自我探索就是在找出這些植入的根源，像是資訊工程師在編碼中搜尋bug（錯誤程式），找到後就能對它進行修正。

這一節，想邀請你為自己製作一份編年史，步驟如下：

1. 準備一張全開的白紙，或是將A4的白紙黏貼起來，提供自己足夠的書寫空間。習慣用電腦的夥伴，也可以使用word，在版面配置選用橫式即可。使用電腦的好處是隨時能插入新增或修改。
2. 建造一個表格如下頁附表。
3. 第一列填入你的歲數，你可以一歲一歲地寫，也可以寫一個區間（例如小學時期七到十二歲，國中時期十三到十五歲，以此類推），有時候某一年發生特別多事件，可以為它單獨留一行。直至寫到你此刻的歲數為止。
4. 第二列是寫下那時發生的事件，沒有限制，想到多少寫多少。從出生到你現在的歲數，盡你所能地回憶，每一年印象最深刻的幾個事件（無論你喜歡或不喜歡，只要印象深刻就可以寫，甚至其他人轉述給你聽的也算）。

5. 第三列是寫你對這件事的感受，對情緒不太熟悉的夥伴，歡迎使用〈附錄：情緒詞彙列表〉。

6. 第四列是寫你對這件事的想法，如果不知道怎麼寫，我提供一個開頭幫助你接下去：「當時發生這件事，我認為……」

7. 第五列是寫這件事可能為你種下什麼樣的信念，這一步驟可能會比較不容易，如果暫時沒有答案，先空著沒關係，等到其他部分完成後再回過頭思考。

8. 請至少給自己三個禮拜填寫表格，因為許多回憶深藏潛意識中，有可能一時想不，但回到生活中又突然想起，表示我們已經成功啓動、活化潛意識，不特別思考的時候回憶突然湧現是很正常的，所以本表格不需要一次寫完，分次寫，每天寫一點更好。

9. 完成後，整理出重複出現的、相似的信念，這就是你的「此生課題」，重複越多次，代表這個信念植入越深，對你的影響力也越強。

歲數	事件	對這件事 我有什麼感受	對這件事 我有什麼想法	植入的信念
0~6 歲	1. 2. 3.	1. 2. 3.	1. 2. 3.	1. 2. 3.
7~12 歲	1. 2. 3.	1. 2. 3.	1. 2. 3.	1. 2. 3.
13~15 歲	1. 2. 3.	1. 2. 3.	1. 2. 3.	1. 2. 3.
16~18 歲	1. 2. 3.	1. 2. 3.	1. 2. 3.	1. 2. 3.
19~22 歲	1. 2. 3.	1. 2. 3.	1. 2. 3.	1. 2. 3.
23 歲	1. 2. 3.	1. 2. 3.	1. 2. 3.	1. 2. 3.
24 歲	1. 2. 3.	1. 2. 3.	1. 2. 3.	1. 2. 3.
25 歲	1. 2. 3.	1. 2. 3.	1. 2. 3.	1. 2. 3.
26 歲	1. 2. 3.	1. 2. 3.	1. 2. 3.	1. 2. 3.
27~32 歲	1. 2. 3.	1. 2. 3.	1. 2. 3.	1. 2. 3.
33 歲	1. 2. 3.	1. 2. 3.	1. 2. 3.	1. 2. 3.

爲了協助你更理解如何撰寫，我拿自己出生到二十八歲間的生命故事示範：

歲數	事件	對這件事 我有什麼感受	對這件事 我有什麼想法	植入的信念
0~6 歲	1.比一般嬰兒還早說話（家人轉述） 2.五歲時完整背誦了姊姊的演講稿	1.得意 2.有趣、得意	1.會講話能討人喜歡 2.說話的能力受到重視	1.我要討人喜歡才有價值 2.我相信我的話語能被聽見
7～12歲	1.小三時轉到新學校，被同學霸凌 2.因為愛講話被老師指派去參加朗讀比賽 3.拿到全國冠軍，翻轉在學校的人緣	1.害怕、憤怒、緊繃 2.被羞辱、被刺激到 3.驕傲、優越感	1.想要攻擊、反抗所有人 2.即便不是被祝福的狀態下參賽，依然想證明自己是好的 3.終於扳回一城，現在誰還敢小看我！	1.我是不被喜歡的 2.我是不被喜歡的 3.只有贏了，大家才會喜歡我
13~18歲	1.每天去班上和不能看電視的同學分享昨日連續劇的劇情，演給他們看，逗得大家樂呵呵 2.幫班上每一個同學過生日，精心策畫節目	1.開心、滿足表演欲 2.開心、失落	1.同學圍著我像真的在看電視一樣，能娛樂大家是我的能力 2.能為大家慶生是很美好的回憶，但我好像其實是希望能被同學同等的關愛	1.當一個開心果是我的價值來源 2.如果我不先讓大家開心，是不會有人喜歡我的
19~27歲	1.進入經紀公司當練習生，最後失敗告終 2.轉職進入金融業遭受同事的排擠	1.期待落空、挫折 2.煩悶、質疑自己	1.長得不夠漂亮、沒有背景無法在演藝圈生存 2.我處處讓著，為什麼他們要這樣對我？	1.要被觀眾喜歡我還非常不足 2.被討厭可能是我的問題
28 歲	1.決定離職，從零開始學習心理諮商專業	1.緊張、興奮、想證明自己	1.我想找到一個讓自己先喜歡自己的方法	1.自己得先喜歡自己，世界才會喜歡你

表格中大部分故事你可能在《活出你的原廠設定》一書，或我的多場演講中聽過。但中學時期「幫班上每一個同學過生日」則是最近才想起的回憶。那時候我把每個人的生日記了個遍，還會依據個人特質策畫不同的節目，有的是唱歌跳舞，爲他專門改編詞曲慶賀；有的是整人橋段，或邀請他的另一半驚喜現身。做這些行動的當下，我是非常滿足的，被慶生的人及參與的同學看起來也都享受其中，沒有任何問題。

直到我的生日來臨，那是個炎熱的八月，暑假期間不像平時容易相聚，我一早就起床等待電話響起，的確有幾個摯友打來，也準備了禮物給我，但我卻感到無比落寞，悵然地流下眼淚。此時我才驚覺，原來在內心底層，我多麼希望大家能像我愛他們一樣，炙熱地愛著我。但我的信念以爲，不可能的，我得先讓大家開心，才能得到一絲絲回報，我沒那麼値得被喜歡……

現在回顧這一段，我也更清晰地看見，國小時被霸凌的經驗使我格外珍惜中學時和同學的美好情誼，但反而珍惜得太小心翼翼了，沒有先照顧好自己的能量。即便到現在，偶爾我在台上演講時，也會瞬間慌張：「大家是不是覺得我很無趣？」

但我很快意識到，這是過去「不夠有趣就不會被喜歡」的信念現身，並非眞理。此時，我會深呼吸一口氣，專注於當下想傳達給觀眾的訊息，緊張也就隨風而逝。

完成這份「編年表」需要花上一點時間，但不得不說，這是許多夥伴認爲CP值最高的練習，讓自己核心的限制性信念一目了然、無所遁形，如同進行澈底的全身健康檢查，日後出現任何病徵就可以更快找到主因，加速健康恢復的時間。但做了健康檢查並不代表就能恣意揮霍健康，反而要培養出覺察的能力，讓好似病毒、細菌一般的限制性信念沒有機會侵入能量系統，下一段將和你詳細說明。

情緒是信念的偵測儀——偵測限制性信念練習

限制性信念就像疱疹病毒，一旦植入就會潛伏於神經節中，難以根治。當我們免疫力下降、作息紊亂、身心疲憊時便可能復發。然而，我們不必完全消滅它，只需要敏銳地覺察、培養調節的能力，即可與其和平共處。

撰寫編年表或找心理師做諮商等主動探索信念的方法就像是全身健康檢查，但畢竟日常生活的時間比起做練習及心理諮商多得多，一週來一次晤談或偶爾寫一回編年表，仍然趕不上信念產生的速度，此時，你就需要信念的偵測儀——「情緒」的幫忙啦！

當你感覺放鬆、開心、愉悅、幸福，代表處於較爲適合你的內在信念中。倘若你感受到痛苦、悲傷、憤恨、嫉妒、不安、焦慮、恐懼等情緒……當下就一定存在著限制型信念。要特別注意的是，我們分分秒秒都在改變，**以前覺得合理甚至奉爲圭臬的信念，不一定適合現在；昨天感到排斥或不接受的信念，也不見得不適合今天，請務必以此刻的感受爲準。**

當感覺不舒服，就如同偵測器大響，不是關掉警鈴就沒事了，而是得了解是什麼讓偵測器作響。**情緒不是你要解決的問題，背後的限制型信念才是。**所以，再次呼喚地球家人們，別再逃避或否定情緒了，只要調整了信念，情緒將自然消融，情緒是我們最忠心耿耿的夥伴，它從不欺瞞。

這個練習，我們將運用「情緒ABC理論」來覺察日常出現的信念，ABC理論告訴我們，事件（A）並不會直接引發情緒（C），而是深層的信念（B）使我們產生情緒（C）。

操作歷程是這樣的：第一步驟，先從情緒入手（C），畢竟讓你最有感覺的就是情緒了，如果對情緒感受還不夠敏銳的夥伴，請回到第二章和它好好培養感情，因爲情緒就像靈魂暗夜中的手電筒，能夠體察情緒才能眞正搞懂自己。

接著，再思考發生什麼事件（A），不一定是最近的事件，也不一定是明確的單一事件，有時突然浮現某個回憶，以及長期慢性的壓力皆會產生情緒。例如已經疲累很久了，卻覺得錢賺不夠不敢懈怠。抑或和家人相處很焦慮，但每個禮拜都還是得回家照顧生病的父母，不然會被指控不孝。

第三步驟，因爲信念需要一點時間萃取，更容易聽見的是想法（T），於是我們先針對這個事件聽聽自己最眞心的想法，最後第四步驟再來精煉出信念（B）即可。

用一張簡明的圖幫助你理解：

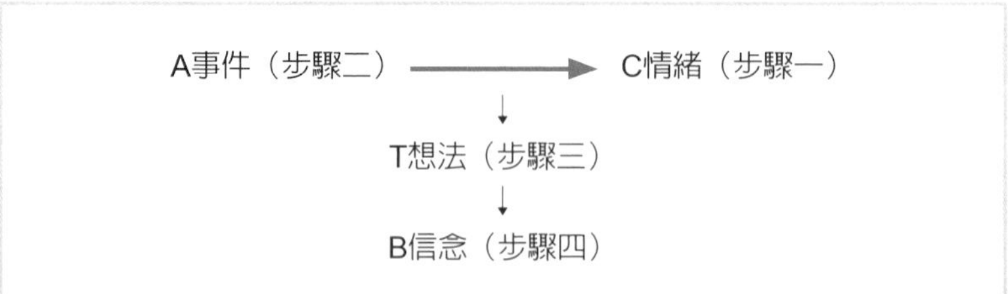

步驟一

日常生活中覺察到不舒服的情緒，就停下來，寫下我現在有哪些情緒？（C）

步驟二

發生什麼事件？包含外在事件與內在狀態（A）

步驟三

大腦中出現哪些想法？（T）

這想法背後更深的信念是什麼？（B）

範例一

日期：2023/12/1

時間：14:21

步驟一：我現在有什麼情緒？ 生氣、悲傷、擔心

步驟二：發生什麼事件？ 另一半說想要獨處的時間

步驟三：大腦中出現哪些想法？

代表他跟我在一起很勉強、他覺得我不漂亮、他是不是愛上別人了……

步驟四、這想法背後更深的信念是什麼？ 我不值得被愛

範例二

日期：2024/1/12

時間：12:41

步驟一：我現在有什麼情緒？羞愧、罪惡、生氣

步驟二：發生什麼事件？爸媽責怪我都不回去探望他們

步驟三：大腦中出現哪些想法？他們也沒對我多好，爲什麼都是我在犧牲自己的生活？但他們也的確把我養大，終究還是我的爸媽啊，我能怎麼辦……

步驟四：這想法背後更深的信念是什麼？我這輩子欠父母的債，得認命地還

接下來換你試試看囉！

日期：

時間：

步驟一：我現在有什麼情緒？

步驟二：發生什麼事件？

步驟三：大腦中出現哪些想法？

步驟四：這想法背後更深的信念是什麼？

請爲自己辦一場爲期二十一天的實驗，養成在工作、生活、與別人互動中覺察情緒的習慣，一旦感到身心不舒服就停下來，立刻用這套方法找尋限制性信念，並把它們記錄下來，幫助自己越來越清醒，再運用〈3-3顯化法則〉練習，鬆綁自己的思維。最後，想分享這個練習的可愛副作用，就是你可能會不再那麼排斥不開心的感覺，甚至可以一邊不開心、一邊跑出「喔耶！偵測儀啓動了，來看看捕捉到什麼信念吧」的想法。

盡情發揮創意吧！將你的人生變成一場好玩的遊戲。

小心看似「勸世」、「勵志」的道理，也可能隱藏著限制

阿宏非常沮喪地問：「心理師，你有聽過動力火車的歌〈我很好騙〉嗎？歌詞根本就在說我嘛……」隨即將歌手撕心裂肺的激昂歌聲播放出來：

我很好騙　對愛太渴望變成死穴
所有防備　全都防不了孤單侵略　隨便個誰
就迫不及待又掏心掏肺　我　難道已寂寞到　渴望被騙

最近，阿宏認識了一個蠻有好感的對象，約了幾次會後，對方邊哭邊說媽媽病倒，自己正在籌措醫藥費，阿宏二話不說借了五萬塊，但自此之後對方杳無音信。過了幾天，阿宏在路上遇到一位大叔，自稱公司老闆，錢包跟手機被扒走了，亟需買高鐵票回家的錢，並誠懇地說明天去公司就叫祕書匯款給阿宏，可想而知，大叔拿了兩千元後即人間蒸發。而這類「冤大頭」事件，在阿宏的人生中已不知重複了多少次。

探索阿宏的信念後觀察到，他生長在一個崇尚「大道理」的家庭，從聖經中的「施比受更有福」、佛經裡的「善有善報，惡有惡報」，到宋朝范仲淹的「先天下之憂而憂，後天下之樂而樂」，統統都被阿宏的爸爸奉爲圭臬，還會寫成字畫掛在牆上，要阿宏經常爲他人著想，人飢己飢、人溺己溺，不計較的人最開心。

但某次，阿宏的大伯因生意危機需要周轉，向宏爸借了二百萬，最後大伯覺得年輕的時候爲宏爸這個弟弟奉獻良多，宏爸也過得富足，不該向落魄的自己討錢，況且也沒有寫借據，就當作兄弟間的互相幫忙。宏爸氣到和大伯冷戰好幾年，阿宏不解地問：「爸，你不是說施比受更有福，不計較最開心嗎？怎麼到現在還不理大伯啊？」只見宏爸漲紅著臉，見笑轉生氣地說：「這……這不一樣啦！」使阿宏感到非常困惑，到底怎樣才是對的？難道父母、學校教的都在騙人？

每個道理本身就是一種信念，而只要是信念就有其限制，無須盲目地認同，也不必一味抗拒；審視某個信念適不適合此刻的你，就是啓動你的情緒偵測儀，因爲情緒與身體會在第一時間純粹地反應你當下的能量，當某個想法讓身心感到緊繃、沉重，表示它對你而言即是限制，無論這個想法有多正向勵志，過去對你多有助益，有多少人信奉追捧，現在不適合你就是不適合你，唯有你能確認這件事。

所以，阿宏首要的任務，就是把自己的感受放置在大道理前頭，當又有人需要他幫忙時，現在的阿宏會允許自己暫時不做決定，先停下來感受自己，釐清信念與感受的衝突之處。他看見，爸爸雖然也想幫大伯，但私底下其實叨念過兩百萬太多了，只因爲習慣幫助人、不計較的人設讓宏爸咬牙借出，並且還爲了「好人做到底」的信念沒有寫借據。看似遵照一個能讓兄友弟恭的信念，最後苦了自己，也破壞了兄弟的情誼。

從小到大，你相信過什麼？哪些信念其實已經讓你緊繃、沉重了呢？

時間會撫平一切。

一分耕耘一分收穫。

早睡早起身體好。

能者多勞。

天下無不是的父母。

爸媽絕對不會害你。

自己選擇的路，跪著也要把它走完。
生前何必久睡，死後必定長眠。
吃得苦中苦，方爲人上人。
敬老尊賢。
尊師重道。
生於憂患，死於安樂。
……

開始對「信念」保持清醒後，我發現連「一日三餐」這種看似基本常識的觀點，都不見得適合所有人，畢竟幾十萬年來，人類皆是跟隨身體感受進食，「一日三餐」則是從十八世紀工業革命起，當權者及雇主爲了管理方便，保持勞工體力所設計的政策。後來逐漸在歐洲被形塑成一種文明的象徵，認爲餓了才吃像野蠻人。但如今，大多數現代人的工作並不費力，且物資豐盈不缺餐食，若三餐都吃反而可能攝取過量，導致糖尿病、高血脂等現象。

威斯康辛大學醫學院副教授羅札林．安德森（Rozalyn Anderson）研究發現，減少進食次數能降低體內炎症，更容易修復錯誤折疊的蛋白質，減少各種疾病發生。所以當阿公阿嬤永遠覺得你餓，僅是因爲那個年代物資缺乏，吃飽一點促進生存率。但在人人營養過剩的二十一世紀，一日三餐反倒成爲疾病根源。

說到這，聰明如你一定可以理解，這些名言道理、勵志金句、知識常識都有它的用途和時代背景。而適不適用於你，一切你說了算，就像何時吃、吃什麼，請試著練習讓你的身體決定（我還蠻常在用餐前，摸著腸胃詢問身體，吃什麼最適合現在的妳？）也讓你的情緒感受回應，哪些道理適合現在的你，這其實就是眞正的「活在當下」，每一刻尊重、回歸你的本質，就能消融日復一日的沉悶與窒息感，品嘗眞正的自由。

3-3 顯化法則，是一場信念的斷捨離實驗

提到「顯化」，第一次聽到這個概念的夥伴應該認爲這是某種「增加」的法門，例如顯化出一輛車、顯化出一間房子、顯化出一位伴侶等等，是一種「從無到有」，爲此，人們紛紛報名成功激勵課程、正向思考講座，想替自己「增加」能力，藉此「吸引」你所渴望的實相。不過，許多人也曾感到沮喪，無論如何強烈地許願、向宇宙下訂單，啊宇宙怎麼都不發貨？那是因爲，**「顯化法則」並不是要往身上「增加」什麼，反倒是一段「減少」限制與框架，回歸原廠設定的過程。**

我曾聽過一個唯美卻貼切的比喻——**老天想給你的豐盛，有如那滂沱大雨，唯一阻擋你的，是你手中的那把傘。**那把傘，象徵著從小到大我們接收到的各種限制，「你不可能啦」、「成功很難」、「要知足常樂」、「幸運是少數人的特權」

等等，以及事情該依何種規律進行的框架。例如「升遷就是認眞的按部就班，上頭指示什麼努力做就對了」「買房子就是要先努力存頭期款，再努力還貸款」……「減少」這些限制與框架，就像你終於願意放下手中的傘，盡情享受雨滴的滋潤，你會驚嘆，原來豐盛早已存在。

關於「顯化法則」，分享一段我最有共鳴的解釋：「**無限的可能性皆已存在於當下，我們的任務就是拋開限制再決定你的渴望，使能量集中，欲看見的現象便能顯現。**」用電視頻道來舉例說明：當電視機關著的時候，那兩三百個頻道並沒有因此消失，依然持續播演著，所以不管你有沒有親眼看到，一切都已經存在於當下。拋開限制的意思就像放鬆你原先覺得「我不能看電視」、「看電視是不好的」等想法，允許你自己可以好好看電視。接著，就是清晰地「決定」自己想看哪一個頻道，集中能量，堅定地按下數字鍵，你想看的畫面與情節便躍然眼前，被你的器官感知、接收，逐步形成你的世界。

你不需要許願「吸引」那輛車、那間房子、那位伴侶，因爲他們早已經存在於能量層面。而是得先減少「我沒有車子」、「我買不起房子」、「不可能有人會眞心愛我」等想法，及清理限制性信念在身心底層儲存的緊繃感受。總歸而論，顯化就是一場斷捨離實驗，你越允許不適合的人、事、物、信念離開，你就騰出越多空間邀請適合的人、事、物、信念進來，讓你在物質層面看見及擁有。

你的本質即是一切俱足的存在，從來就不必再增加什麼，別擔心這個想法會阻礙你的成長，因爲，成長是件極其自然的事，就像要使一個嬰兒長大成人，其實不必特別做什麼，他該吃就會吃、該睡就會睡，都已在生命藍圖中設定好方向。難以成長的原因，反倒是因爲我們認定現在的自己好差勁，認定沒有車子、房子、愛人就沒有價值，所以不斷拚命追求。導致外在行動越努力，內在能量越沉重，最終，揠苗助長，外在實相也跟著枯萎。這一節，請帶著搭乘熱氣球的心情，和我們一同拋下那些不必要的重物，準備好迎空升起。

拖延症的解方：不必「增加」意志力，而要「減少」恐懼

講到「斷捨離」與「減少」，就不得不聊聊在我諮商室裡經常出現的晤談主

題——拖延症（procrastination）。心理學專家琳達．薩帕丁博士（Linda Sapadin, Ph.D.）以臨床實證經驗，將拖延者分爲六種類型：一、完美主義型，生怕自己失敗及做不好，乾脆不要開始；二、夢想家型，認爲船到橋頭自然直，看似樂觀，但實際上是無法面對現實；三、憂慮型，非常擔心做錯，或發生不好的結果，耗盡心神在緊張；四、享受危機感的衝刺型，他們熱愛最後一刻腎上腺素飆升的感受，激發他的最佳表現，但因時間緊迫，不可抗力因素變多，導致品質並不穩定；五、叛逆型，不喜歡被安排、交辦事情，討厭自主權受限的感覺；六、過勞型，難以拒絕別人的要求，經常壓抑眞實感受，故積累了一堆不想做的事，這類型的人還經常責怪自己太懶惰。

有拖延情況的夥伴都會希望諮商能幫助他們「增加」意志力與時間管理能力，他們也早就查過相關資料、書籍、影片，做了一堆目標設定、日程規畫等練習，自覺無效後，更認定自己是個三分鐘熱度、容易放棄的人，能量越來越低迷。但拖延症僅是最表層的徵兆，針對表徵下功夫只是治標不治本，我們需要直面核心——那些使你恐懼的信念。

所以無論拖延症有多少類型，內在能量都極其相似，都是一種緊縮、注意力向外耗散的狀態。從小到大，那些被否定、拋棄、嘲笑和忽視的經驗，卡在潛意識裡，讓我們以爲自己的價值取長在別人嘴上，對自己的表現充滿不安，不管裝得多豁達，大多數人都還是頗爲在意他人眼光。《讓你自帶好運的奇蹟習慣》的作者米奇．霍羅威茨甚至說道：「符合主流觀點時，是一個人最放鬆的時刻。」然而，我們要做的不是完全忽視他人看法，也不必讓恐懼情緒消失，這些信念及感受的存在都有功能，只要合理地減少它們、鬆動它們，就不會再將我們淹沒。

反過來說，一個能不拖延、持續行動的人，不是因爲意志力強或特別聰明，也不見得擁有充滿愛與肯定的童年，他們只是明白，要有意識地釋放恐懼的信念。當恐懼感趨緩，你應該可以想像，清晰無干擾的大腦就會啓動成長性思維：「現在我最想做什麼？」「做什麼符合我身心靈的最大益處？」「做這個感覺好有趣喔！」而非限制性思維：「天啊好難，我一定做不到。」「爲何其他人都可以？我好糟糕……」所以，別再急著學習時間管理或增強意志力，先練習將恐懼放生吧！

但站著說話不腰疼，我得率先承認，在孕育這本書的過程中，我拖延了不下數十次，寫書對我而言，不僅僅是把想傳達的說出來那麼簡單，還是觸發恐懼原子彈的一顆按鈕。「這主題眞的有人要看嗎？」「我會不會講得太籠統／太深奧／太淺白／太無聊？」幸好，三折肱爲良醫，現在的我已能運用寫書帶來的不舒服，一次次地溶解這些信念。雖然過程既孤單又痛苦，我卻深刻體驗了一回能量淨化的歷程，難怪許多作家都不約而同地表示：「書寫是一種自我療癒。」而我認爲，出版一本書更是！因爲你得將自己公之於眾，面對所有人的評價（這或許也是大部分人的惡夢），此時，「我的價值取決於他人」的限制性信念就有機會被我們好好放下，那該怎麼放下呢？就讓我們繼續看下去。

軟化練習——預防限制性信念植入

話說前頭，「軟化練習」應該是這整本書裡最最最容易做到的練習了，跟我撂過狠話、不愛做練習的讀者們請接下這份戰帖，它將簡單到你會忘記自己在做練習

（笑）。

在我所有聽過的故事中，最讓我反覆省思的，非《塞翁失馬》莫屬了。一位住在漢朝邊疆的養馬人，就叫他塞翁吧，某天他豢養的駿馬跑進胡人的領土，鄰居紛紛前來安慰他的損失，塞翁只是淡淡地說：「也不見得吧。」過了幾個月，那匹駿馬竟帶著一隻胡人的良馬回來，鄰居又紛紛前來祝賀，塞翁也僅是淡淡地說：「也不見得吧。」不久，塞翁的兒子從桀驁不馴的馬匹上跌落，摔斷了腿，鄰居又來安慰這等慘事，塞翁依舊淡淡地說：「也不見得吧。」一年後，胡人大舉入侵邊疆，被徵召上戰場的男子皆戰死沙場，唯獨這個兒子因腿瘸，得以保全性命。

這個故事線可以無盡地延續下去，直到塞翁兩腿一伸、雙眼一閉的那刻。但倘若那刻眞的來臨，是福是禍也不再重要了，對吧？因此，**我認爲人類如果想要身心靈平靜，最需要參透的，就是福禍相倚的概念，既是福也是禍，非福也非禍，那一切都是處於「未定義」的狀態**。甚至可以說「一切都無須定義」，我們就具備了神性，涵容所有的可能性，並且像待在颱風眼一樣，有不被任何境遇晃動的能力。

大多數人的限制性信念，經常是在發生我們認定爲「禍」的事件後植入的。

舉個例子，被裁員之後，我們很容易產生自己是沒有競爭力的、很難找到工作的、不被需要的、沒有人欣賞的等想法，這樣想並非錯誤，只是會限制其他可能性的出現。因爲也有超多夥伴被裁員之後，才找到自己眞正熱愛的事業、過上以前不敢想的生活，或創立了屬於自己的帝國，回首一望，才驚覺過去怎麼能在那間公司忍耐那麼久。

所以，**這份練習就是當發生一件被你的「小我」判定不喜歡的事情，覺得好討厭、好糟糕時，馬上對自己說：「也不見得吧！」這可以有效阻擋限制性信念植入（及重複植入）潛意識**。並且，因爲我們沒有全盤「否定」自己的負向想法，硬逼自己要正向，就不會造成內心的兩極震盪，變成內在辯論大賽（很多人一邊怨恨老天，一邊又覺得不該這樣，自己已經很幸運了……越辯論越痛苦），只是溫柔地將自己的心帶回平衡點，允許所有子彈都飛一會兒，事件都發酵一會兒，畢竟，還沒到最後一刻，誰知道呢？

釋放練習——消融深層的限制性信念

前面提到，限制性信念是一種框架、束縛，讓你以爲沒有希望、沒有其他可能性，然而，限制性信念不僅是一個大腦裡的念頭，它存在於你全身每一個細胞裡，因爲，**你的身體就是潛意識的載體**。一個深埋其中的信念可以瞬間促發神經迴路、內分泌、肌肉組織、心血管等所有系統構造的連鎖反應。

舉例來說，當你瞥見另一半嘴角下墜的那0.001秒，潛意識裡「我不值得被愛」的信念立刻被激發。同時間，你的肌肉開始緊繃、心跳加速、血管收縮、腎上腺素飆升、壓力荷爾蒙分泌……這些反應皆重複著你五歲那年，爸爸撇了撇嘴、怒斥不該生下你時的身心狀態。

我猜許多人都有這樣的經驗：明明也沒發生什麼，爲何那麼累、那麼低潮？正因爲限制性信念是在潛意識層面作用，大腦的表意識無法那麼快理解，但即便大腦不懂，你的身心卻能在0.001秒感到緊張，或產生不明究理的症狀（過敏、發炎、頭痛、胸悶、飲食障礙等都很常見），那都是一個個能量訊號，在告訴我們存有帶著恐懼的信念能量，需要放手了。

所以這份練習，我想邀請你的大腦與身心靈統統來幫忙，從方方面面一起釋放限制、消融阻礙。

操作步驟

1. 先前第182頁的「編年表」及第188頁的「偵測限制性信念」兩項練習的成果派上用場啦！請將你所覺察到的限制性信念統統條列出來。若有其他束縛、框架性的想法浮現，也歡迎全部列進去，幫助潛意識中的信念浮現至意識層次，幫助大腦更快理解，我們每一次的不舒服，裡頭正在發生什麼。

例如：

我不值得被愛

我的能力很差

沒有人在乎我
工作就是一件痛苦的事
賺大錢的方法都寫在刑法裡
有錢人都是不擇手段的人
人美眞好，人醜吃草
年紀大了，機會就變少了
我的體質弱，容易生病……

2. 一旦在生活中感受到不舒服，表示潛意識大門開啓，某個限制性信念跑出來，請立刻使用以下口訣：「我看見＿＿＿＿＿，這是來自過去的信念，已經不適合現在的我，此刻，我決定將它釋放。」

平時也可以針對第1點你已表列的信念，使用口訣一一釋放它，例如：「我看見『我不值得被愛』這是來自過去的信念，已經不適合現在的我，此刻，我決定將它釋放。」

3. 說完口訣，輕輕吸氣，再大口地吐氣，如果吐氣時身邊沒人，能夠自在地發出感嘆聲「哈～～～」效果更佳，如同「哭出聲音」的原理，聲音能引發體內振動，讓釋放過程更加澈底。

4. 接著請鬆動你的身體，你可以輕柔且緩慢地扭轉脖子，左邊三圈、右邊三圈，接著轉動肩膀，向前三圈、向後三圈，最後扭轉手腕、膝蓋與腳踝，不同方向各三圈。也歡迎你發揮創意，研發你的獨門鬆動法，像有些夥伴會播放一首美妙的歌曲，讓身體跟隨音樂自然律動，或想像自己是一棵柳樹、一株水草般搖擺，重點就是使身體能量變得放鬆、敞開，就代表鬆動成功。

溫昕提醒

因爲每一個信念植入潛意識的深淺不同，需要釋放的時間及次數也會不一樣，你的情緒及身體感受將持續誠實地告訴你，現在你對某個信念的黏著度如何，如果一想到該信念情緒就有明顯波動，請給自己一些耐心，重複、多次地進行釋放。

想與你分享的是，那些限制我最深的信念，我已花了數年進行釋放練習，至今仍持續著，成爲跟刷牙洗臉一樣日常的內心活動，雖然花上很多時間，但我發現每操作一次，就會更輕盈、自由一些，沒有一次是白費的，非常值得。操作完畢，記得謝謝願意養成這個習慣的自己呦！

心想事成的終極祕技——活得心口一致

根據信念理論及顯化法則，你應該已能理解，其實我們一直都是「心想事成」的，只是你想的跟你要的是否一致，決定了你對生命的整體滿意度。

小時候大家應該都見過這一幕，長輩嘴上說著：「哎呀，幹嘛買這麼貴的禮物啊，人來就好！」但其實身體很誠實地收下，若下次對方眞的沒帶禮物來，長輩私底下還會嫌他不懂人情是故呢！不要禮物的也是你，想要禮物的也是你，親愛的地球家人們，只有你能決定，你眞正想要的是什麼，你就可以活出那個狀態。

蛤？我們竟然得有意識地決定，我想不想要肯定、我想不想要愛、我想不想要成功、我想不想要健康……聽起來好怪，對嗎？誰會不想要這些？但各位應該也對以下這些情景不陌生：當別人說「你今天很漂亮欸」，你立刻回答「哪有，我最近胖了」；當另一半試著對你傾訴愛意時，你翻了圈白眼「你很肉麻欸，走開啦」；當老闆要升你當主管時，你懷疑地問：「咦？怎麼會選我」；甚至，你可能會把消耗健康當成勤奮的證據：「我昨天熬夜工作到凌晨三點欸！」

經典書籍《一個新世界》中，作者艾克哈特．托勒闡述，雖然我們常常在祝福彼此「平安」，但其實小我並不想要「平安」，因爲小我有一個部分，叫做「痛苦之身」（pain-body）。簡單來說，它就是從小到大痛苦的能量集結體，充滿怨恨、不平的故事情節，並且時刻想要報復，容易被各種情境激發。它渴望的是更多痛苦情境，因爲這樣才能證明自己眞的是痛苦、可憐的存在。所以，很多夥伴明明知道這段感情、這份工作、這種互動很不健康，自己卻不離開，甚或受到吸引，那就是因爲這不是我們的「本質」想要的，而是「痛苦之身」的需求，它會無意識地靠近戲劇性的境遇或製造衝突。但你我都知道，痛苦不可能宣洩痛苦，我們要做的是超越這個小我的部分，回到和宇宙共振的頻率中。

如果你也經常口是心非，口非心是，就得認真地問問自己，我們真的想要肯定、愛、成功、平安與健康嗎？也請越來越清晰地覺察，你的行動中，是否夾雜限制性信念，讓你不敢大方地坦承，是的，我要愛、我要肯定、我要成功、我要健康、我要富有、我要幸福。

以下是我和伴侶的真實經歷，在交往初期，我每次告訴他：「你真好看。」他都會反射性地回：「哪有！」而且越是誇他，他看起來越不開心，後來，我忍不住與他討論：「好像每次誇獎你，都讓你不太舒服，我好好奇，你的內在發生什麼？」聊了好多次後才終於理解，過去的他無法相信感情能長長久久，再怎麼相愛也終究會離開，所以當我誇獎他的時候，反倒觸發了「現在有多甜蜜，到時候離開就有多痛苦」的恐懼。

帶著這份理解，我對他說：「的確，沒人能知道未來怎麼展開，會害怕是很自然的，但我們現在可以決定的是，你想要用我們終將分開的心態相處，還是用我們會盡力走下去的心態相處。」

據他所言，這段話給了他很大的震撼，他驚覺自己的態度才是影響我們感情走向的關鍵，因此，我們就開始練習，當我誇獎「你眞好看」，他只要簡單地回個「謝謝」即可，一開始蠻搞笑的，從他口中說出來的是很彆扭的「哪有……呃……謝謝……」如今，他竟能超級自在地回：「謝謝！我知道呀～」還送我一個挑眉加微笑。當他開始欣賞自己、相信關係可以長久，我們之間也變得越來越穩固，一切都是信念的功勞。

這一章的最後，就讓我們來好好決定，我是怎麼樣的人，我值得擁有什麼，這跟我現在是不是這樣、此刻是否擁有什麼無關。因爲先有信念，實相終將出現，能量轉化成物質需要一些時間（但有時候非常快）。寫完之後，念出來，像是自說自話一樣，對自己回答：「謝謝！我知道～」

例如：

我是一個有影響力的人。　「謝謝！我知道～」

我光是存在，就能爲他人帶來力量。　「謝謝！我知道～」

我值得擁有一間寬敞舒適景色美的房子。　「謝謝！我知道～」

大部分的人都很喜歡我。　「謝謝！我知道～」

我值得擁有一輛性能佳、造型美的車子。「謝謝！我知道～」

我的工作很重要，能造福世界。「謝謝！我知道～」

我值得享受高品質的生活。「謝謝！我知道～」

我只要越開心，我就會越有錢。「謝謝！我知道～」

我值得掌有權力，因爲我深信我會用在對的地方。「謝謝！我知道～」

我允許自己說眞心話，也承諾會學習好好講。「謝謝！我知道～」

我的另一半非常愛我。「謝謝！我知道～」

親愛的地球家人，你眞正渴望的是什麼？這個恢復一致性的過程或許仍會激發恐懼與限制。例如，有些人會覺得想要錢很世俗，很不靈性，因此過著刻苦儉樸的日子，但看到別人過得奢華就好憤恨，一旦有情緒，就表示你沒有眞正滿意自己的選擇，沒關係，隨時歡迎回到前面的練習重複釋放。釋放完畢後，請持續心口一致地活，不僅愛要說出來、錢也要、肯定也要、成功也要、健康也要，小孩子才做選擇，我們統統都要！

第四章

擴大能量，影響世界

4-0 恢復你的本來面目——充滿影響力的能量場

我深深記得，小璞剛來諮商的時候，那對世界憤恨、厭倦的神情，她問道：

「這一切都不是我選擇的，爲何要我概括承受？」

母親在小璞出生不久後就過世了，因此親戚們認定就是這個孩子害得母親早逝，對她極爲不友善。父親是個渴望出人頭地卻仕途不順的人，經常借酒澆愁，每晚聽見鑰匙轉動的聲音，小璞和姐姐就會在房間角落瑟瑟發抖，祈求爸爸那天心情好些，能免去一頓毒打。直到小璞高中，父親因爲過勞及長期酗酒過世，雖然看似脫離家暴的魔掌，卻進入了另一段壓迫的關係。

當時，小璞的阿姨因爲住在小璞媽媽留下的房子裡，被親戚要求撫養姐妹倆，年紀尚輕的阿姨經常把對人生的不滿發洩在這對姐妹身上：「要不是因爲養妳們，我早就嫁出去了。」「再不聽話就把妳們趕出去！」雖然沒有肢體暴力，但每天看阿姨臉色、受言語羞辱的生活，讓姐姐罹患嚴重的憂鬱症，多次輕生未果，無法接受事實的阿姨只得慌張地打給正在上課的小璞，讓她衝去醫院、警局處理一切。

在如此艱困的環境下，小璞仍奇蹟般地長大了，考上不錯的學校、爬到令人稱羨的職位，她最強烈的信念是「成爲上等人」，不必再被親戚看不起，結束寄人籬下的生活。但這兩三年來，小璞發現，夜裡的一點聲響就驚醒、客戶一點不滿意就胃痛，她無法理解，爲何所有設定的目標都達成了，內在卻沒有一絲平靜的跡象？

我好奇，小璞是如何定義她所謂的「上等人」？除了有車、有房、有個稱頭的工作外，原來還有一項必要條件「讓阿姨過上好日子」。阿姨時不時就提起照顧她們有多辛苦、多犧牲，要姐妹倆孝順自己、常常陪伴自己。小璞認爲，阿姨不是親媽卻奉獻了一輩子，的確很偉大，得盡力讓阿姨開心，因此奉上大部分的薪水、花很多時間陪伴，但每當阿姨抱怨錢不夠花，或自怨自艾地說「算我上輩子欠妳們，不想回來不用勉強」等暗指忘恩負義的話語，小璞都會激動到捶牆壁，回過神來才看到滿手鮮血。然而，即便生活品質提升，阿姨卻沒有更快樂，反倒變得依賴。不工作、不出門，也不願交朋友，只待在家裡等待小璞準備好一切。小璞急了，每每和阿姨對話，都很生氣地想要她改變：「阿姨妳這樣不出門會失智！」「阿姨妳怎麼老是買這種快過期的食物呢？」但阿姨越來越孤僻、封閉，並沒有因爲小璞的資助及陪伴過上眞正的「好日子」。

我們在諮商中花了很多時間，建立心理界線，釐清自己到底該負責什麼，哪些越負責越糟糕。小璞開始意識到，阿姨不斷抱怨的未婚，不是因爲撫養她們才導致的，反倒是阿姨拿撫養姐妹當藉口，就不必去面對感情中的自卑。現在阿姨的孤僻，也不是自己錢給不夠多、陪伴時間不夠長，而是阿姨逃避關係需求的手段。我們需要與他人的選擇保持清明的距離，才不會誤以爲我們得爲別人負責。

因此，我們將諮商目標轉移至小璞內在的能量狀態，引導她靜下來，專注身體裡頭的感覺。小璞說，她的肩膀和手臂好痠，我請她繼續深入這個痠裡頭，腦海會跑出什麼畫面？她看見，自己很像在發放物資那樣，不停地給予。雖然小璞接收了時下流行的概念：「愛自己」，也會去吃大餐、做SPA、買名牌，但內心卻因爲怕阿姨不高興而更加緊繃，一千元買的東西得說成三百塊，享受的事情都像在犯罪，無法坦白。

讀到這兒的你應該能清楚看見，小璞的生命經驗裡，很多人告訴她：「妳的出生是個錯誤。」「妳是個麻煩。」好像她非得讓身邊這些受苦之人開心，才擁有一點活著的價值，這使她受罪惡感驅使，不斷耗散能量去滿足他人。

我提出一個大膽的實驗，邀請小璞**開始心口一致地活，並以自己的能量感受爲最重要的行動指標**，若想陪伴阿姨或給她金錢，請確認能量狀態是平靜和諧的時候再做，有一絲緊繃或不願意就不做，並且不再試圖改變阿姨，對話時多坦承自己的感受，也聽聽阿姨的感受，這樣就夠了。

小璞的第一個挑戰，就是坦承說出她要和伴侶出國玩的計畫。以前都是拿「出差」當藉口，可想而知，阿姨立刻被惹怒了，因爲小璞不但出國沒帶上自己，還帶著自己從未擁有過的伴侶，這引發了阿姨孤單、不被愛、被拋棄的感受，重複了阿姨在原生家庭裡遭受的創傷。

小璞進行著我們在諮商中預先操演好多次的練習，看著阿姨、深呼吸、拉上能量拉鍊，在心中默念：「這是阿姨的課題，我還給她。我相信她能夠度過，深深地祝福她。」然後，誠實地說出自己的感受：「阿姨，我好希望能自在地和妳分享我的生活，也希望能得到妳的關心和祝福，但我感覺到妳對我要出國很生氣，或許也很傷心，發生什麼了？」阿姨重複著那些經常出現的抱怨「妳有自己的生活，不用管我」「我不重要，妳根本不在意」等氣話。小璞只是聽，沒有回嘴，也沒有接收，好像眞的有一道厚實安全的圍欄，讓阿姨的情緒放在門外。

但很神奇地，阿姨在氣了幾天之後，好像慢慢接受了這件事，還難得關心了小璞：「妹妹，在國外要注意安全喔。」小璞驚喜又感動地告訴我：「我從沒想過，背負了一輩子的罪惡感可以這樣輕柔地放下！」

這個實驗進行了好幾年，過程中小璞做了搬出去的決定，歷經阿姨爆氣、不滿、埋怨，小璞只是繼續穩穩地和自己的能量在一起。她發現，擁有一個能清理情緒、安頓靈魂的私密空間，反而更能珍惜每次回老家和阿姨相處的時光。超有意思的是，阿姨或許因爲沒人可陪，某天竟踏出門和久未見面的同學喝咖啡，最近聽說還參加了繪畫班，作品被老師表揚，生活相當豐富。以前是照三餐打電話問小璞怎麼還不回家，現在則是小璞打給玩瘋的阿姨還找不到人呢！

結案的那天，小璞主動對我說：「心理師，妳可以寫出我的故事嗎？我想讓跟我一樣痛苦掙扎的夥伴們知道，我們眞的可以因爲先照顧好自己的能量，進而影響他人、影響世界！」因此，本書的最後一章，想邀請你一同恢復我們的本來面目——充滿影響力的能量場。**你的本質，是愛、平靜與安全感的眞正源頭，也是讓你發光、成爲燈塔，引領眾人最毫不費力之道。隨時以內在能量爲中心地生活，將澈底翻轉你的生命，當然，也將撼動在你周圍的萬千生命。**

4-1

只要影響，無須改變

諮商過程中，我經常聽到兩股相反的聲音，一邊說著：「我覺得我爸才該來諮商。」「都是我媽害我變成這樣的。」「我先生/太太才是最需要檢討的那個。」另一邊則說道：「我知道不可能改變別人，只能改變自己。」這兩股聲音經常來自同一個人，對立的念頭相互打架，耗盡心神。其實，**「我們無法改變別人」這句話，對，也不對。你是極具影響力的存在，絕對可以撼動世界，但如果改變別人是你的主要目標，你就改變不了，這就是改變的悖論。**

改變不了的原因有三。第一，當你希望他人改變，代表你的深層信念認定自己是非常渺小、無力的存在，只有其他人先改變，你才得以幸福、成功、滿足……那你的內在空間就會是狹窄幽暗、能量稀薄的，當然無法影響任何人事物，甚至使身邊的所有人逐漸窒息。

舉個極端的例子，若用輕生威脅想分手的另一半，即便那個人趕到頂樓，央求你不要這樣，承諾他會愛你、不再離開你，你認爲那是愛的能量嗎？他是心悅誠服地想待在你身旁，還是因爲恐懼、怨恨、罪惡感等沉重能量而僵住？即便一時之間留下了他，你們卻已在能量層面斷裂，無法產生愛的流動。

原因二，當太想改變他人，就違背了人性的基本需求——自主權，進而減損了對方的「內在動機」（Intrinsic Motivation），心理學家馬克·萊珀（Mark Lepper）在一九七三年進行過一項著名的實驗，將一群本來就喜愛畫畫的孩子分成三組，第一組是事先告知畫完後會有獎品，第二組是等他們畫完才給出獎品，第三組是沒有提供獎品。過了一週，研究者同時告訴三組孩子再也不會提供獎品了，第一組的孩子從此喪失了對畫畫的熱情，第二、三組的孩子則沒有受到影響。這個實驗告訴我們，即便是外在給予的正向激勵，都有可能削減一個人的能量，更別說威嚇懲罰及否定斥責，更會逼著對方往反方向走。

原因三，當我們過度主動地想改變別人時，就帶有踩低他人、墊高自我的意味，無論你將改變的意圖包裝成「好心幫忙」抑或「良心建議」，皆在隱微地告訴對方：「你這樣不夠好，我這樣才是好。」引發他反射性地防衛、抗拒、攻擊，甚至更傾向鞏固自己原先的主張，變成尊嚴維護戰。

所以很弔詭地，**你想改變他的意圖本身，促成了他的不改變。我們最重要，甚至唯一的目標，就是讓自己每時每刻能量飽滿，或專注地使內在恢復飽滿**。只需要將關注點從他人的對錯、自己的對錯，回歸到「我感覺如何」「此刻怎樣能使我恢復和諧」上頭。注意當下內在需要什麼，或許是接納情緒、轉化信念、決定目標、展開行動，甚至完全地放空休息，那都很好。

因爲，當你成爲澎湃、溫暖、穩定又滿足的能量場，你將發現，怎麼身邊一切人事物都朝著你喜歡的方向前進，即便還有一些些不太喜歡的狀況，你也沒那麼在意了，甚至，會有越來越多人受你吸引，主動徵詢你的看法、意見、向你看齊。**你的能量激活了他想活得更好的內在動機，恢復了他的本來面目，這即是所謂的「影響力」，是改變世界的根本之道**。

接下來，我會將內在能量的「影響力」拆解成兩個可實際操作的面向：一是

「成爲一面乾淨的鏡子」，引發對方的內在動機，毫不費力地使改變發生。二是「心口一致表達法」，使你輕鬆地與人、與世界連結，透過你的眞心喚醒更多靈魂。

成為一面乾淨的鏡子

偶爾會聽見對心理諮商質疑的聲音：「啊不就是聊天嗎？」殊不知，**心理諮商並不僅是兩人間的晤談，更是引發個人與內在眞實且深刻的對話**。所以，心理師的其中一項關鍵修練，就是能夠將自身的情緒、信念、需求、價值觀擺在一旁。簡而言之，諮商過程中，心理師得有意識地縮小「小我」，化身爲清澈透明的能量場域，另一個人才得以慢慢放下防備，安心地觀看自己。但在一般的聊天中，我們的「小我」通常很龐大，尤其越親近的人，我們越容易認定他的一切與我有關，代表著我的價值，使我們「入戲太深」。明明對方只是在講他的狀況，我們卻攬進自己的情緒、想法與需求，一不小心，就變成互相攻擊。

舉個例子，當丈夫說：「我最近工作好累，好想離職……」這可能引發妻子的「小我」對收入的焦慮，或生氣對方沒有體諒自己照顧孩子的疲憊，反倒還得花力氣關心他，這份不平衡使妻子立刻回懟：「我才累吧！你不上班，小孩是要吃土喔？」龐大的「小我」讓內在沒有空間傾聽及了解對方的想法。而丈夫感受到妻子的先入爲主後，也會認定「啊，妳果眞不懂我」便隨即關上心扉，營造出一段越來越無話可說的婚姻。

反之，若我們的能量場夠清澈，圍欄夠健全，理解我的情緒是我的，他的情緒是他的，我們就可以放鬆下來，允許自己成爲一面乾淨的鏡子，不必急著解決問題、也無須改變誰，單純地問：「哇，感覺眞的好累，發生什麼了？」邀請他展開與自己的對話，他的內在動機（你可以想像成能量的水流）就不會受到阻擋，無論他是要繼續這份工作或另謀去處，終將前往最適合你們的方向。這就是爲何心理師不輕易給出評價與建議，更多是透過提問去邀請個案對自己產生好奇及發現：「喔～原來我現在是這個樣子，我想要這樣嗎？我到底想要什麼呢？」當然，如果對方照了鏡子依然不想改變，表示維持現狀有他的原因，得將選擇的自由及承擔後果的責任還給他。

某位老師曾傳授我一個重要概念：「別成爲個案的父母，他不需要更多期待。」大部分的我們都是因爲太努力滿足父母的期待，以爲那樣才會被愛，而忘記了自己的本來面目。心理師得放下想要個案好起來的焦急、個案不再來的害怕，甚至高人一等的優越感，才能穩穩地允許個案以他的步調、他的方式啓動內在動機，這是使一個人澈底轉變的最佳途徑。

那重點來了，要如何成爲一面乾淨的鏡子呢？答案就是「同理」，雖然「同理」有個「理」字，但其實它與理性、道理沒什麼關係，也不需要完全理解對方。同理僅是「反映」出對方當下的情緒，就是最剛好的關心。

例如，當你看到朋友垂頭喪氣時，可以試著問：「我好像感覺到你很挫折，發生什麼了？」若對方不太願意說，也可以給出一個不需要回覆、沒有壓力的同理，例如：「我好像感覺到你的挫折，雖然我不知道發生什麼，但肯定不好受，你辛苦了。」這段話裡頭雖然沒有任何要求，但對方願意說的機率還挺高的。或許，越是沒有控制與改變對方的意圖，越能產生信任與安全感，促進了關係的親密。

同理除了說法，還有心法，也就是抱持著「深深的信任」。**相信每個人都有能力照顧自己，用自己想要的步調跟方式，做出對自己最有益的選擇與決定**，這也完全符合界線的概念，如果急著想照顧對方、改變對方，就會有期待與失望，引發一連串控制對方意志的互動。而被過度照顧及控制的人的內在也會是渺小、不安的，因爲來自外在的照顧總有消逝的時候。倘若我們仰賴的是內在動機，就如同敞開臂彎，接收宇宙源源不絕的能量流，你將充滿力量與安全感，處於不受外在現象變動的，恆定的狀態。

前幾天，一位正經歷低潮的夥伴在晤談的最後問我：「有任何建議嗎？」我體會他已盡了全力在面對人生的困境，所以我回應：「沒有建議，只有對你深深的信任。」那刻，他抑制已久的眼淚奪眶而出，我知道，他的靈魂聽懂了。

影響力的傳遞系統——語言及溝通

雖然我們不見得要說話才能影響他人（能量傳達的訊息，永遠大於且眞實於嘴巴上說的，並且祂時時刻刻都在表達，不曾停歇），但當你說的話跟你的眞實感受「心口一致」時，語言將成爲你傳遞能量的最佳載體，加快心想事成的速度，甚至震撼世界。

在我的演講生涯中，最歷久不衰的人氣主題就是「全方位溝通術」，可想而知，有多少人在溝通上嘗過阻礙與挫敗。或許是因爲，我們都以爲「說話」等於「溝通」，但經過仔細審視，才發現我們講出來的話大多是攻擊、抱怨、希望對方照自己意思走的操控。或者反過來，忽略自身感受、一味配合，把眞心話吞回去的忍耐，導致時常一言不合就鬧翻。

「溝通」在能量層面的含義，是既「清晰地表達自己的需求」，同時「營造雙方的安全感」。一旦我們的話語裡頭有想贏、想比對方優越、想證明自己是對的等訊號，在能量層面就是一種「斷裂」。而人類恰恰只有在「連結」的狀態下最有力量，才能爲自己、爲彼此、爲世界帶來最好的光景。

經過多年的實踐及統整，我歸納出「三個要素」及其結合而成的「一個公式」，當說出的話語匯集了這三項要素，就能瞬間與他人連結，化解敵意，徜徉在愛的流裡，讓你的影響力無遠弗屆。

溝通要素一：坦承面對你的底層情緒

大多數人的情緒像是覆蓋了一層又一層的包裝紙，看不清裡頭是什麼。例如，一個表面上展現生氣的人，底層其實暗藏委屈、悲傷、被遺棄的羞恥感……但他的生氣情緒卻早已把人趕跑，更加忿忿不平地想：「都沒有人懂我、愛我。」掉進惡性循環中。

所以，聆聽自己底層眞實的情緒是什麼，坦承地面對它，雖然看似「脆弱」，實際上卻是極爲強大的。因爲要在那麼不舒服的情況下，面對、允許、觀察及疏通自己的情緒，是一個人具有高度心理韌性的證明。許多看似理性、冷靜、堅強的人，反倒因爲經常壓抑、否認情緒，而長期處於脆弱狀態，像根硬邦邦的筷子，一折就斷。

當我們釐清了底層情緒後，你將發現，幾乎99％以上皆是情緒重現，我們像是背著從小到大累積的無數顆情緒炸彈，一根根引信曝露在外地生活，隨時被眼前的現象引爆。如果我們以爲是眼前人事物引起的，便把情緒炸在他身上，非但不公平，也無法解決問題，還可能接收更多別人丟回來的炸彈，使自己日漸沉重。

所以，每一次的情緒引爆都是一個契機，邀請我們回頭檢視自己的這一堆炸彈，在不造成二度傷害的情況下消融情緒（就像動作片中的英雄總是在最後幾秒把炸彈往空曠的地方丟，成功平息一切）。**清理個人此生的情緒積累，是我認爲最「環保」的一項行動，畢竟人類製造出的汙染與災難，都是因爲沒有被清理的內在情緒而起**。例如過度消費，通常來自內心的空虛，缺乏愛與連結感；發動戰爭，則是因爲內在感覺弱小，過於想證明自己強大的極端行逕。

在此特別強調，**爲自己的情緒負責絕非自我咎責**，千萬別責怪自己怎麼還有這些情緒，而是帶著對自己滿滿的愛及對人性深深的理解，去面對這個只要是地球人都不可避免的課題。或許，我們能爲這個世界做的最崇高的一件事，就是爲自己的情緒負起完全的責任。

發現底層情緒練習

1. 現在我有什麼情緒？發生了什麼事？例如：生氣、憤怒，因爲另一半都不回我訊息。
2. 這個情緒底下有沒有其他情緒？例如：悲傷、難過、害怕、孤單……
3. 過去有沒有其他事件也引發出這一組情緒？對這事件的看法？例如：想到小學整整六年，放學後就一個人在家直到半夜爸媽工作回來。自己吃飯、寫功課、睡覺，但我其實一直等到他們到家時才能眞正入睡。我知道爸媽工作很忙，賺錢也是爲了我，但我覺得自己好像空氣，甚至是個負擔、麻煩，他們如果沒有生我，會不會更好？
4. 理解當下僅是一種「情緒重現」，跟此刻人事物關聯不大。
5. 自我提醒，這是一個契機，可以清理多年來這包情緒積累。
6. 輕鬆地吸氣，大口吐氣並發出「哈～～」的聲音。
7. 如果這個情緒跟當下的人事物關係不大，我會用什麼新的方式回應？

例如：清理情緒重現後，我開始產生新的想法，看見另一半並非眞的不理我，他最近的確比較忙碌。我可能會發一個搞笑一點的訊息說：「你的守護天使已下凡，看到這封訊息時記得休息一下：）」

8. 當要和別人溝通時，請用底層情緒來表達，幫助對方了解你的真實狀態（前提是對方值得你的信任，或關係親近到值得你冒著敞開自己的險）。

例如：「我意識到我昨天的生氣，其實底層更多是難過。因爲我回想到小時候一個人被丟在家沒人照顧的情景，這眞的讓我很悲傷。所以當你沒有回我訊息時就觸發了這些情緒，我希望讓你知道這不是你的錯。如果你願意聽我說這件事，我會非常感謝。」

溝通要素二：非暴力態度

先來定義一下，「暴力」的態度有哪些，包含語言及非語言的攻擊、批評、嘲笑、忽視、輕蔑、諷刺、貶低、歧視等等，一旦傳遞出暴力訊息，就會觸發對方的「防衛機制」，他也會攻擊、批評、嘲笑、忽視、輕蔑、諷刺、貶低、歧視你，你們將互丟情緒炸彈，形成雙輸局面。

但「暴力」態度的出現，代表我們有一個未被滿足的需求，因而引發抗議行動。所以「非暴力」的態度來自我們負起理解自己的責任，也和對方的狀態保持界線，把他的情緒還給他，此時我們才能釐清自己的需求，並好好地說出來。

了解並轉化我們的暴力練習

1. 深入了解此刻你出現的「暴力」，是因為什麼需求沒有被滿足？

例如：老闆一講話我就翻白眼，因爲我有一個想被重視、聽見的需求。

2. 深呼吸，接納內心底層的需求。

例如：我接納我好想把不滿說出來，這個需求很重要。

3. 我如何認為、看待這個人／這件事？

例如：我認爲老闆什麼都不會又愛裝會，而且不斷打壓我們，把我們批評得一文不值。

4. 這個情境有沒有與我無關的可能性（跟對方內在有關的狀態）？

例如：可能他內在很脆弱，所以才需要透過貶低員工來抬高自己。

5. 我繼續使用暴力態度會有什麼結果？這是我想要的嗎？

例如：如果我一直翻白眼，老闆可能會很生氣，而且他也不知道我究竟想說什麼，最後如果關係決裂又沒說出眞話，會有點不甘心。

6. 過去有沒有相似的經驗？

例如：我和我爸講話時，都會偷偷翻白眼，因爲他很自以爲是，經常否定、貶低我們的想法。

7. 處理這個過去的經驗，深呼吸，大口吐氣並發出「哈～～」的聲音。專注在呼吸和放鬆身體感受上，重複進行直到你感覺對當下這件事的感受有淡化一些。

8. 輕鬆一點後，有什麼新做法可以因應這個情境？

例如：我決定先使用「心口一致表達法公式」說出自己的意見，至少我負起我的責任，他要不要接受是他的修爲與人品，不是我該負責的，如果他選擇繼續貶低我，我會開始找其他工作機會。

溝通要素三：明確的需求

清楚知道自己要的是什麼，對很多夥伴來說並非易事，因爲我們從小更多地是被要求滿足他人的需求，而非自己的，若一開始不太清楚「我到底要什麼」是很常見的。但是，你必須明白這個答案只有我們能夠探尋。就算你現在覺得需要的，明天發現沒那麼需要，那也很好，每一刻的需求本就可以不一樣。如果想讓世界配合我們，就得釐清自己的需求，並且明確地說出來。

當然，他人永遠有不答應的權力，那也是他在維護個人需求，我們應該全然尊重，如同我們也永遠有拒絕別人的權力。只要持續實驗怎樣滿足自己的內在需求，你會發現方法及形式無限多種，不必執著眼前這條窄路，盡情地打開腦洞、發揮創意吧！

「我需要」練習

1. 寫出以「我需要」為開頭的句子，自由造句至少三十句。內容包含生活中的方方面面，也可以針對特定對象，越具體越好。
例如：我需要先生在我到家時迎接我，可以是對我笑、熱情地打聲招呼，或是擁抱我、親親我。

2. 寫完「我需要」之後，請在每一個句子後方接續寫：「因為這讓我感受到……」
例如：我需要先生在我到家時迎接我，可以是對我笑、熱情地打聲招呼，或是擁抱我、親親我，「因爲這讓我感受到，我是重要的、我是被愛的。」

3. 最後，接續上面的句子，並以「我值得……」造句收尾。

例如：我需要先生在我到家時迎接我，可以是對我笑、熱情地打聲招呼，或是擁抱我、親親我，因爲這讓我感受到，我是重要的、我是被愛的，「我值得感受自己的重要性，我值得被好好愛著。」

4. 在生活中實際練習提出需求。

例如：找一天下午，在我們兩人悠閒地在家喝咖啡時，告訴先生：「親愛的，我下班回家的時候好想要你迎接我的感覺喔，你覺得是跟我熱情打招呼、擁抱我，還是親我一下好呢？還是我們統統來！（撲倒）（笑）」

5. 若對方無法答應，請暫時把這個方式放在一邊，讓自己發揮創意想像，還有哪些方法能獲得相似的感受，並實際行動。

例如：我去當了流浪動物之家的志工，幫狗狗洗澡、餵食的時候，牠們全部撲上來的樣子超級可愛，這一刻我感受到我是重要的、我是被愛的。

心口一致表達法公式

這個公式將融合上述三個要素，讓對方在沒有被攻擊的平和狀態下，有機會聽見並聽懂你的需求，雖然結果不一定會按照著我們的計畫發生，但公式本身向外傳遞的連結及尊重，已足夠使你們的關係更深厚，你的潛意識也因爲見證你說出眞心話，產生澎湃的能量流動。這個過程自動代謝了「我不值得」、「沒有人在意我」等信念，恢復你本然的自信及價值感。

好，心口一致前，先來個我們比較習慣的，心口不一的例子吧！

情境是這樣的，一對伴侶中的A在家中等待對方回來，等啊等，等啊等，從八點等到九點、十點、十一點……終於，十一點半的時候門口傳來「喀啦」一聲，B回來了，此時，在家久候的A再也按耐不住，脫口而出：「你每天都這麼晚回家，你是把家裡當旅館啊？乾脆滾出去算了！」

想像一下，你是剛回到家的B，你的心情如何？覺得家庭眞可愛，整潔美滿又安康嗎？不太可能吧。B通常會是一肚子火地回：「我在外面工作那麼辛苦，回到家還得看你這張臭臉，好啊！我滾！」

這樣的互動是否有點熟悉？因爲我們每個人都忘了照顧自己的心，不知不覺積無數顆炸彈，最終以「暴力」傷害了親近的人，明明是想靠近，卻孤單的黎明。

「心口一致表達法公式」的目的，就是讓我們說出口的話，都能滿足我們眞心的需求，它包含四個部分，以下將一一爲你解析：

我的客觀觀察＋我的情緒感受＋我對對方的正向猜測＋我的眞實需求

我的客觀觀察

請以客觀、不帶評價的詞句，描述當下事件你看到什麼、聽到什麼。**少用形容詞，多講次數、頻率等客觀事實**。因爲你說的是客觀事實，能有效減少對方的防備。

心口不一的說法：「你每天都這麼晚回家。」

解析：「每天」這個頻率可能有失偏頗，每個人對「晚」這個形容詞的定義也不一樣，這種說法經常引發對方在表面議題上開砲：「我哪有每天！你昨天還不是很晚到家！」吵不進底層眞正需要討論的部分。

心口一致的說法：「我看見這禮拜你有三天超過十一點到家。」

解析：「這禮拜有三天」、「超過十一點」都是客觀、具體且沒有形容詞的語言，即便對方還是有點不高興，但頂多回你：「然後呢？」尚可再聽你繼續說，不會那麼快關上心門。

我的情緒感受

請說出底層情緒，並告訴對方原因。人類是運用情緒溝通的動物，所以當對方能理解你的眞實情緒，就會感覺安全、安心一些，更能接受你接下來要說的訊息。

心口不一的說法：「你眞的讓我很火大！」

解析：這句話認定是對方惹自己生氣，並沒有爲自己的情緒負責。還記得ABC理論嗎？讓我們火大的不是他，而是我們的內在信念。

心口一致的說法：「我感到擔心，也有點難過，因爲我怕你發生什麼危險，也覺得我們的感情是不是出了什麼問題。」

解析：很多人會認爲這樣顯得太卑微，好像比對方更在意這段感情，但就算嘴上不說，能量也早就在洩漏你的不安，不如點出「房間裡的大象」，邀請彼此一同面對。

我對對方的正向猜測

猜猜看，對方有什麼正向、合理的原因，讓他今天產生這個行爲？猜對猜錯不重要，重點是讓對方有台階下、有被關心到的感受，而不是一股腦地被你責罵。

心口不一的說法：「你是不是有外遇！」

解析：負向猜測是絕對無效的說法，因爲沒有人會認爲自己是壞人，即便他眞的是去偷吃，他內心也會想成：「跟你在一起很痛苦，我才不得不找其他人。」負向猜測只會讓他更加不願爲自己負責，掉進暴力攻擊的惡性循環中。

心口一致的說法：「我猜，你老闆又把你留下來加班。」

解析：正向猜測能緩和對方的防衛，保持暢通的連結。

我的真實需求

具體、明白地說出你所希望的情境。

心口不一的說法：「你滾出去算了！」

解析：這是典型的「氣話」、「反話」，我們以為說出需求也不會被對方重視，認定自己是不重要、不被愛的存在，因此就會用強烈的語氣說著反話，卑微地希望對方能聽懂，但情境通常就會按照你字面上的意思發展。

心口一致的說法：「如果你可以傳個訊息告訴我要晚回家，眞的能讓我安心很多。」

解析：負起表達自己需求的責任，也把鞏固關係的一半責任還給對方。

敏銳如你，肯定能感受到「心口一致」及「心口不一」高下立判的能量差異。並且可以預料將延伸出兩條截然不同的關係故事線，選擇權完全掌握在你的手中。不過我明白，一開始練習公式時會有些不習慣，但**溝通不能順著「習慣」，而是得順著「人性」**。**習慣裡充滿創傷及制約，人性才是讓我們連結、合一、感到安全的能量源頭。**

4-2 擴大能量，顯化渴望的六個日常練習

能量的擴展，是一件稀鬆平常且毫不費力的事，就像草的生長、花的綻放、宇宙的持續擴張一樣自然，唯一阻礙我們的，只有大腦的限制性思維。因此，**判斷能量是否成功擴大的準則，就是你的「放鬆」**。無論是想法、信念、情緒、身體或靈性層次，當你覺得更輕盈、輕鬆，不再緊抓與執著，少了忍耐與抗拒等跡象，我都要深深地恭喜你。是的，你恢復成無邊無際的純粹能量場，這是你的本來面目、你的本質。是的，你回到家了！

這本書的最後，想分享我經常操作的六個日常練習，這不是什麼絕對眞理或非得要遵循的方式，反倒僅是拋磚引玉，邀請你的能量動起來、發揮祂無窮的創意，實驗出適合你的活法，內在感受會一直、一直給你最眞切地回饋與指引。

想像力（心象）練習

想像力即是你的超能力，美國韋恩州立大學的研究者克拉克（L. Verdelle Clark）曾進行一項研究，結果顯示，參與想像練習的運動員，在想像時的神經元活躍狀態和實際操練者一模一樣，兩組人馬耗費的體力相差甚遠，最終的成績卻沒有差異。所以，大腦分辨不出眞實或虛擬，就像明知恐怖片是假的，我們的恐懼、驚嚇卻再眞實不過。

因此我大膽地說，惟有「身心感受」對內在而言是眞實的，其它外界現象都是隨時可更動的虛擬狀態，連時間、空間皆爲相對的存在。想像練習能夠跨越時空，在能量層面集結你需要的力量、訂定你想去的方向，最重要的是體會你擁有一切後的感受。接著，請給物質世界些許時間差，它將凝結匯聚成你五感接收得到的現象。

想像力也是隨時隨地能進行的練習，我在前往演講場地的車程上，會想像看見滿堂喝采，聽眾獲益於我所提供的訊息；接個案前在諮商室裡，會想像我和宇宙合而爲一，營造最遼闊、安全的心靈場域，讓每個來到這裡的人都活出他本然就該擁有的成功、健康、幸福……我更常想像自己的「模樣」，例如，當我已然成爲某個渴望的狀態，我的表情、心情、姿勢會是如何？像是玩ＶＲ遊戲（虛擬實境）一樣沉浸式地體驗、呈現那樣的你，直到身心超有感覺。

但想像力練習有一項關鍵原則——**想像的畫面讓你產生豐沛感受後，一切就已圓滿完成，我們要鬆開對畫面及事情將如何發展的執著**，否則能量又會被往下拽，我知道這並不容易。因此，想像練習結束後，我都會和宇宙開個玩笑：「欸，我負責的part完成囉，接下來要怎樣超展開，就請給我驚喜吧！」

畢竟，照著攻略走的遊戲不會好玩，請透過深呼吸放鬆想緊抓的欲望，回到當下著手此刻想做或需要做的事，保持敏覺，接收宇宙傳遞來的各種靈感，之後驀然回首，你將驚嘆自己是如何將這些靈感串連起來，形成你精采絕倫的人生。

靜心練習

靜心，有人也叫它禪定、正念、內觀、打坐、冥想……但對我而言，這些都只是名稱，定義因人而異，我們不必在字面糾結，只需對焦於這個行動的目的。**靜心，即是待在能量中心點——也就是意識，如如不動地觀察一切，單純地看著眼前的現象及「小我」的各種自動化想法，但不立刻反應的一個歷程。**

就像觀看一朵雲飄來，同時看著「小我」對它起的各種反應：「是不是要下雨啦？好煩喔一直下！」「形狀好像一隻泰迪熊耶～」「唉，上次這樣陪我看雲的人已經不在了……」一朵雲能激起的反應無限多種，我們不批判，不驅趕，也不跟隨，讓「小我」的思緒隨著這片雲飄走，再次回到能量中心點。練習初期肯定會慣性地被「小我」攪進連鎖反應裡，只要保持耐心，一次次地回到意識核心，整個過程將越來越自然，被捲入的次數也會減少，最終，成爲你的新習慣。

靜心的入門方法「觀呼吸」，清晰地觀察氣息從鼻孔流入胸腔，再從胸腔流出，這能幫助大部分夥伴定錨於能量中心。在匆匆忙忙的日子裡，我也會做至少三輪的觀呼吸，吸氣默數1—2—3，吐氣默數1—2—3，一輪是六秒，因此我稱它為「十八秒呼吸法」，即使這麼短的時間內，仍能有效地幫助我從現象回歸本質裡，放鬆下來。

萬物皆有靈練習

記得孩提時，你和玩偶說話的回憶嗎？印象中，我還會跟電視、抹布、杯子、棉被、門板等幾乎任何物品對話呢！看似僅是孩子的豐富想像，實質上卻是一種純粹的能量互動形式。無論有沒有我們所定義的「生命」，萬物皆由粒子組成，以不同的波長及振動運行著，量子力學研究告訴我們，兩個粒子間無論距離多遙遠，都可以產生糾纏，也就是一種「感應力」。

先撇開使人覺得太玄幻的情節，你應該可以理解，當我們向一個對象說出（或光是想著）一句話，我們也就在被這句話語的能量影響著。能量具有雙向性，你給出的同時也在接收，但因為感官接收到的訊號讓我們以為有主體（自己）及客體

（外在人事物）之分，所以**和他人、動物、物品的溝通，實際上都是一種自我對話的具象形式，當我們用溫柔慈愛的語氣和物品說話，就等同於在愛自己。**

萬物皆有獨立的意識，卻也都是合一的整體，這兩個概念互不相斥。最近發生一件有趣的事，在我要去把舊車賣掉的路上，脫口說了一句：「好期待新車啊！」瞬間，舊車熄火了（在這之前從未發生過），我立刻安撫它：「但我永遠不會忘記你，你是我的第一個車寶寶，謝謝你出現在我的生命裡。」然後，引擎就又點燃了，我一點也不怪罪它，反而因它孩子般鬧脾氣的樣子，讓我流下一滴不捨的淚水。

《零極限》作者伊賀列卡拉．修．藍博士說過，他去到任何場所或是要從任何場所離開，都會和在場的桌椅、電燈等物品說：「對不起，請原諒我，謝謝你，我愛你。」消融殘存的能量，有點像隨手清理垃圾的概念，我也經常對著諮商所的沙發、畫作、杯子及整個空間說：「好愛你們喔！」每次說完，心都暖暖的，我能感受到空間和物品給我的回應，它們也用盡一生的愛，護持著我和來到這裡的夥伴。

若和非生物對話對你而言仍有些瘋狂，沒關係，我們可以從說聲「謝謝」實驗起。每天接觸的床鋪、衣服、手機、書本……以及身體的部位、器官、細胞……若我們與周圍的一切建立良好的關係，你也會感受到它的回饋。研究發現，感恩能使體內分泌「催產素」（俗稱愛的荷爾蒙），物件、空間、身體部位皆擁有意識及記憶，它們時時刻刻陪伴著你，緊張不安時提供能量給你，整個環境都是你的隨身電源。

特別的是，即便我們不那麼喜歡的物品，例如「帳單」，也需要與之建立合作關係。我會對帳單說：「謝謝你提醒了我，過著有水有電有網路的生活，眞好！」付錢的時候，我也會對手上那筆金錢說：「謝謝你讓我享受了美好的＿＿＿＿，現在，換你去玩得開心吧！」

運用「共時性」聽見靈魂的聲音練習

在我的YouTube頻道上觀看次數最多的一部影片，就是〈六個方法分辨大腦和內在靈魂的聲音〉，裡頭傳達的主要概念，就是你的靈魂（大我、高靈、直覺、守護神、宇宙、上帝……無論你習慣怎麼稱呼祂）無時無刻都在向你傳遞訊息、給你指引，但人類的大腦因爲長期受到創傷、社會框架、限制性信念等制約，形成干擾的雜訊，導致我們接收不良。

此刻，「共時性」（Synchronicity）就像一份超級貼心的提醒，各種讓你有感、吸引注意力的現象，都是靈魂與你連線的徵兆。瑞士心理學家榮格（Carl Jung）於一九二〇年首次提出這個概念，意指在沒有因果關係的狀態下，發生具意義的巧合事件。例如先前提過，當我起心動念想讀心理研究所，但又不知從何著手時，就被邀約參加小學同學會，裡頭竟然有兩位心理系畢業的同學，明確地告訴我下一步該怎麼走。

最近很夯的「天使數字」也屬共時性的一種，重複出現的連號數字總能成功引起我們的注意，時間11:11、車牌8888、有333人按讚、標價9999元等等。有些夥伴會參考網路上對這些數字的解釋，如果對於靈魂聲音還不夠熟悉的時候，看他人歸納的資訊會有一些幫助，但我更推薦的是，一看到天使數字時，立刻靜下心來觀察自己正在想什麼，去體會若這個天使數字是靈魂的指引，祂在傳達什麼訊息，這將是更貼近自己的連結方式。

或許，宇宙裡從來沒有巧合，有的其實是能量共振與吸引，愛因斯坦說道：「共時性，是上帝隱姓埋名的存在形式。」每時每刻發生在你周圍的現象，都是爲了你而來、等著你留意，這就是爲何「活在當下」如此重要，惟有拋卻對過去的懊悔及對未來的擔憂，才得以聽見此刻靈魂對你的眞情呼喚。

豐盛實驗

《聖經》上有句話說：「凡有的，還要加給他，叫他有餘；凡沒有的，連他所有的，也要奪去。」意思是我們認定自己有的現象只會更多，富者越富，貧者越貧。乍聽之下有點殘忍，引發眾人恐慌：「蛤，那我現在沒什麼錢，難道就要窮一輩子？」讓我們先回到內在本質——能量層面來定義。「富有」不僅僅是物質與金錢的充足，還包含了健康的身體、平和的情緒、融洽的關係及靈性的滿足，所以我更喜歡用「豐盛」二字統稱。

想要顯化豐盛，讓寶庫盆滿缽滿、美好源源不絕，必須具備兩個條件。第一是「擴大容器」，容器代表你對豐盛、富有、金錢的信念，你越相信「我值得」，等於盛裝豐盛的容器就越大。前幾天我在超市發現一個小巧的精美禮盒，裡頭只裝著「一顆」來自日本奈良的草莓，便興奮地在臉書粉專發布一篇「一顆草莓的豐盛實驗」，邀請大家猜猜它要價多少，獲得上百封私訊熱烈響應。最後我公布答案：一顆五百九十九元台幣！大部分夥伴都認爲「好貴」、「盤子才會買」、「五百九十九我能吃三餐了」等等，其實，當下我乍看也覺得很貴，但仍決定買下來，就是爲了「擴大我的內在容器」。我珍惜且喜悅地和伴侶一同享用了那顆草莓，欣賞紅潤的色澤、嗅聞香水般的氣息、品嘗甜美的滋味，整個過程即是在透由感受消融限制，用行動證明「我值得」。

對花錢有恐懼感的夥伴，可以練習從能量層面思考，當我們內在因爲害怕沒錢而緊縮，等同於縮小了容器，反倒裝載不下，當我將金錢變成美好的物質、體驗，並專注享受這一刻澎湃的能量，我們的容器就擴大了，有空間爲你注入更多的美好。

顯化豐盛的第二個條件，就是「給予他人能量」，給予的當下，即是獲得。這和你給予的對象有沒有回饋無關，願意給予的人，表示你相信能量是無窮無盡的，不願意給的人，表示你相信給了就沒了，由此窺見內在感受是豐盛抑或匱乏。況且，我們能給出的豐盛並不僅限於物質，甚至**我們每個人眞正需要的，最終都不是金錢，而是感受**，包含「健康」、「支持」、「安全」、「自由」、「讚美」、「善意」、「尊重」、「感激」、「理解」、「愛」等等，舉世皆然。給予豐盛的能量，可以是捐錢、當志工，也可以是一個主動的招呼、一句眞心的肯定、一段專注的傾聽、一聲誠摯的感謝……例如，去餐廳吃到美味的食物，我勢必會請店員和廚師說一聲：「眞是太好吃了，請幫我謝謝師傅如此用心製作餐點。」我無數次看見原本滿頭大汗、眉頭緊鎖的廚師，露出靦腆但滿足的笑容，那就是每個人都值得享受的豐盛感。而給出去的同時，我也體會到自己原來擁有這麼多愛能夠分享，我們永遠是最大的受惠者！

今天，你想用什麼樣的方式，給出一份讓我們都更豐盛的能量呢？

接納壞心情，顯化好事情

投入身心靈學習的夥伴，幾乎都經歷過一個檻，就是「以爲負面情緒不好，會吸引更多負面事件」。因此，大家更用力地否認、壓抑、隱藏自己的負面情緒，甚至恐懼、厭惡自己的負面情緒，結果眞的引發糟糕的現象，或是因爲逼自己裝出「高頻」、「正向」、「樂觀」的模樣而疲憊不堪。

和這本書一起走到這裡的你，或許已然了解，**顯化不需要絕對的正向，而是一段讓身心靈越來越輕盈的過程**。若沒有「壞心情」，你該如何知道哪兒需要清理及轉化呢？壞心情是否顯化壞事情，取決於我們對壞心情的看法，若能將壞心情看作宇宙貼心的提醒，爲你指出問題點，邀請你重新選擇及決定，我們的能量將比沒有壞心情前更加清爽（這眞的是我每次大哭一場後的感受，超級爽快），輕鬆顯化你所渴望的好事情。

因此，最後一個重要的練習，就是**「自我接納」，接納你的壞心情，甚至當壞事情被顯化出來的時候，依然帶著愛，原諒過去的那個自己**。那些壞事情與靈魂暗夜都在邀請你從幻象中醒來，憶起自己的本來面目。每一刻都是你重置能量的威力點，開始覺察、清理、轉化、擴大，毫不費力地暢遊此生！

最後的最後，謝謝你

寫這本書的過程對我而言，既困難、又容易。

「困難」在於，我對文字的使用幾乎到了吹毛求疵的程度，修改重複太多遍的詞彙，文章邏輯、語意也調整N次，花上幾小時寫的全部刪掉乃是常態（刪完大哭也是必須）（哭泣推廣大使有沒有這麼盡責），持續和自我懷疑的聲音搏鬥，在我看來，寫書完全是和「小我」一同苦修的歷程。

「容易」則是因爲，這本書是爲了地球家人們誕生的，有了各位的力量，我不必一個人孤單地拚命。當我接納了焦慮與懷疑，允許它來與去，就遁入與能量連結的狀態，那瞬間產出上萬字的經驗，非常美妙，單純地成爲一條傳遞訊息的管道，讓內容自動顯現。加上我的伴侶、家人、摯友、諮商所夥伴、圓神主編眞眞、編輯靜怡、專案主任佩文、行銷企畫禹伶、曉薇，以及粉專上的小天使們所灌注的支持，是你們的能量顯化出這一本書，你是本書的眞正創造者。

好開心，這趟覺醒之旅有你的加入，即便我們不一定有機會在地球表面上相遇，但在能量層面，你閱讀本書時的每一次點頭、微笑、流淚與沉思，都已在與我連結，光是如此我就感到非常幸福，謝謝這世界上有你的存在，請一直記得，宇宙愛你！

附錄：情緒詞彙列表

舒適愉悅類情緒

滿足、自在、和諧、冷靜、舒服、安慰、隨和、怡然自得、平靜、安靜、放鬆、寧靜、放心、安全、溫暖、感動、愉快、快樂、飄飄然、精力旺盛、幸福、清爽、輕鬆、有活力、喜悅、快活、狂熱、歡喜、狂喜、銷魂、興奮、得意、高興、有希望、欣喜、無憂無慮、驚奇、樂觀、快意、驕傲、積極、激動、野心勃勃、舒服、勇敢、自由、有動力、有朝氣、狂野、自信、無懼、愛—被愛、欣慰、寬心、泰然、慶幸。

憂傷恐懼類情緒

憐憫、擔心、同情、擔憂、悲傷、沉痛、傷感、傷心、痛心、痛苦、心酸、膽怯、害怕、恐懼、驚恐、驚嚇、心驚膽顫、心有餘悸、難受、煩悶、苦惱、發愁、壓抑、鬱悶、無力感、委屈、不平、發慌、心慌意亂、愧疚、歉疚、罪惡感、難堪、羞恥、羞辱、懊悔、後悔、內疚、可惜、惋惜、悲觀、沮喪、遺憾、失望、失落感、孤單、寂寞、孤立無援、疏遠、冷淡、空虛、惆悵、苦悶、憂鬱、憂傷、消沉、氣餒、喪氣、厭世、厭倦、迷惘、徬徨、苦澀、酸楚、惶惶不安、沉鬱、自慚形穢、自卑、麻木、無感、疲乏、無聊、疲憊、緊繃、焦慮、絕望、歇斯底里、神經質、恐慌、緊張、沉重、脆弱、軟弱。

憤怒敵意類情緒

生氣、憤恨、憤怒、悲憤、不愉快、焦躁、自大、優越感、狂妄、不耐煩、被激怒、激動、被挑戰、有攻擊欲望的、不高興、不滿意、暴怒、仇恨、怒氣沖沖、挫折、盛怒、討厭、敵意、煩躁、發狂、惱羞成怒、暴亂、狂怒、惱怒、叛逆、憤慨、懷恨、激烈、厭惡、嫌惡、深惡痛絕、惱羞成怒、瞧不起、作嘔、輕蔑、噁心。

自責罪惡類情緒

歉意、感到羞恥、貶低自己、自責、懊悔、懊惱、墮落、沒臉見人、尷尬、害羞、罪惡感、卑微、自卑。

困惑迷惘類情緒

困惑、徬徨、猶豫、遲疑、混亂、衝突、內心打架、矛盾、混淆不清、雜亂無章、懷疑、不知所措、卡住、不確定感。

嫉妒猜疑類情緒

羨慕、嫉妒、不信任、蔑視、敵意、自大、自卑、自我懷疑、憤世嫉俗、不公平、妄想、猜忌、懷疑、幸災樂禍、有破壞欲望的。

Eurasian Publishing Group
圓神出版事業機構
用心與你對話・視野無限寬廣
圓神出版社
Eurasian Press

www.booklife.com.tw reader@mail.eurasian.com.tw

勵志書系 157

心理能量使用說明書：

安度靈魂暗夜，迎來豐盛人生

作　　者／蘇予昕
發 行 人／簡志忠
出 版 者／圓神出版社有限公司
地　　址／臺北市南京東路四段50號6樓之1
電　　話／（02）2579-6600・2579-8800・2570-3939
傳　　真／（02）2579-0338・2577-3220・2570-3636
副 社 長／陳秋月
主　　編／賴真真
專案企畫／尉遲佩文
責任編輯／吳靜怡
校　　對／吳靜怡・歐玟秀
美術編輯／金益健
行銷企畫／陳禹伶・鄭曉薇
印務統籌／劉鳳剛・高榮祥
監　　印／高榮祥
排　　版／陳采淇
經 銷 商／叩應股份有限公司
郵撥帳號／18707239
法律顧問／圓神出版事業機構法律顧問　蕭雄淋律師
印　　刷／國碩印前科技股份有限公司
2023年6月　初版

定價380元　ISBN 978-986-133-876-7

此刻的你，無論正經歷著什麼，在廣大的宇宙裡沒有太慢、太晚，也沒有任何一條路是冤枉的，全部都在幫助我們進化與揚升，再將最大的能量回饋世界，創造美好的循環。

——《心理能量使用說明書》

國家圖書館出版品預行編目資料

心理能量使用說明書：安度靈魂暗夜，迎來豐盛人生／蘇予昕 著.
-- 初版. -- 臺北市：圓神出版社有限公司，2023.06
272面；14.8×20.8公分. --（勵志書系；157）
ISBN 978-986-133-876-7（平裝）

1.CST：心理諮商　2.CST：心理治療　3.CST：能量

178.8　　112005248